REINHARD RICHARDI

Betriebsverfassung und Privatautonomie

SCHRIFTENREIHE
DER JURISTISCHEN GESELLSCHAFT e. V.
BERLIN

Heft 45

W
DE
G

1973

DE GRUYTER · BERLIN · NEW YORK

Betriebsverfassung und Privatautonomie

Von

Reinhard Richardi

Professor an der Universität Regensburg

Vortrag
gehalten vor der
Berliner Juristischen Gesellschaft
am 28. März 1973

W
DE
G

1973

DE GRUYTER · BERLIN · NEW YORK

ISBN 3 11 004276 2

Gliederung

I. Freiheitsrechtliches und demokratisches Prinzip in der Arbeitsverfassung

II. Privatautonomie als Ordnungsaufgabe
   1. Vertragsfreiheit — Sozialmodell und soziale Realität
   2. Mitbestimmung als Instrumentarium der Privatautonomie

III. Tarifautonomie und Betriebsverfassung
   1. Betriebsverfassung als rechtliche Friedensordnung
   2. Der Vorrang der Tarifautonomie

IV. Mitbestimmung des Betriebsrats in sozialen Angelegenheiten
   1. Theorie der Wirksamkeitsvoraussetzung
   2. Mitbestimmung nicht Beseitigung, sondern Unterstützung der individuellen Vertragsfreiheit

V. Mitbestimmung des Betriebsrats in personellen Angelegenheiten
   1. Das Recht auf Arbeit als Element der Privatautonomie
   2. Die Hilfsfunktion der Mitbestimmung für ein Recht auf Arbeit
   3. Die Begrenzung des Fragerechts als Voraussetzung für die Anerkennung eines Rechts auf Arbeit im Rahmen der Privatautonomie
   4. Mitbestimmung und Auswahl des Arbeitnehmers
   5. Mitbestimmung und Einstellung des Arbeitnehmers

VI. Das Recht am Arbeitsplatz

VII. Schlußbemerkung

I. Freiheitsrechtliches und demokratisches Prinzip
in der Arbeitsverfassung

Das Grundrecht der Berufsfreiheit in Art. 12 GG schützt ausdrücklich das Recht, „Beruf, Arbeitsplatz und Ausbildungsstätte
frei zu wählen". Nach dem Apothekenurteil des Bundesverfas-
sungsgerichts vom 11. Juni 1958 ist damit das Recht gewährleistet, jede Tätigkeit, für die jemand sich geeignet glaubt, zur
Grundlage seiner Lebensführung zu machen[1]. In der Industriegesellschaft mit hochspezialisierter Arbeitsteilung bedeutet diese
verfassungsrechtliche Gewährleistung vor allem, daß jeder eine
abhängige Arbeit nach seiner Wahl übernehmen kann, also das
Recht hat, den Arbeitgeber frei zu wählen und mit ihm Arbeitsbedingungen von beliebigem Charakter zu vereinbaren. Eine
weitere verfassungsrechtliche Verankerung besteht für die Tarifautonomie; sie ist durch Art. 9 Abs. 3 GG gewährleistet[2]. Der
Gesetzgeber kann zwar das Tarifvertragsrecht regeln; er muß
den Koalitionen aber stets einen Bereich belassen, in dem sie
eigenverantwortlich tätig werden können.

Bereits diese verfassungsrechtlichen Gewährleistungen zeigen,
daß die rechtliche Ordnung der abhängigen Arbeit sich grundsätzlich innerhalb einer herrschaftsfreien Sozialordnung entfalten soll und deshalb auf dem Grundsatz der Selbstbestimmung
beruhen muß. Meinungsverschiedenheiten bestehen zwar, ob die
Tarifautonomie als integraler Bestandteil der Privatautonomie
angesehen werden kann. *Herbert Krüger* hält „ein privatauto-
nomes Verständnis der Tarifautonomie für unzulässig und un-
erträglich"[3], und *Franz-Jürgen Säcker* stimmt ihm zu, weil die

---

[1] BVerfGE 7, 377 (397) = AP Nr. 13 zu Art. 12 GG.

[2] BVerfGE 4, 95 (106, 108) = AP Nr. 1 zu Art. 9 GG; BVerfGE 18, 18
(26) = AP Nr. 15 zu § 2 TVG; *A. Nikisch*, Arbeitsrecht, Bd. II, 2. Aufl.,
1959, S. 61; *H. C. Nipperdey* bei Hueck-Nipperdey, Lehrbuch des Arbeitsrechts, Bd. II/1, 7. Aufl., 1967, S. 137 f.; *R. Dietz*, Die Koalitionsfreiheit,
Bettermann-Nipperdey-Scheuner, Die Grundrechte, Bd. III/1, 1958, S. 417
(460); *F.-J. Säcker*, Grundprobleme der kollektiven Koalitionsfreiheit, 1969,
S. 71 ff.; *R. Scholz*, Koalitionsfreiheit als Verfassungsproblem, 1971, S. 54 ff.
161 f., 368 ff.

[3] *H. Krüger*, Sinn und Grenzen der Vereinbarungsbefugnis der Tarifvertragsparteien, Verhandlungen des 46. DJT, 1966, Bd. I/1, S. 7 (33).

[4] *F.-J. Säcker*, Gruppenautonomie und Übermachtkontrolle im Arbeits-
recht, 1972, S. 243; *ders.*, Grundprobleme (s. Fußn. 2), S. 32; vgl. dazu
R. Richardi, Grundprobleme der kollektiven Koalitionsfreiheit, ZfA 1970,
S. 85 (89 f.).

8

Lehre von der rein privaten, nicht gemeinwohlgebundenen Autonomie der Tarifvertragsparteien „Ausdruck eines ideengeschichtlich und staatstheoretisch heute überwundenen Paläoliberalismus" sei[4]. Doch ändert auch ein derartiges Verständnis nichts daran, daß die Koalitionen und ihre Rechtsstellung in der sozialen Ordnung, insbesondere die Tarifautonomie, dadurch geprägt sind, daß die Legitimation auf einem individualrechtlichen Unterwerfungsakt beruht. Für Status und Funktion der Koalitionen in der öffentlichen Ordnung gilt aus verfassungsrechtlicher Sicht, wie *Rupert Scholz* nachdrücklich dargelegt hat, das *liberale Formprinzip* in seiner gesellschaftsverfassenden Dimension[5]. Privatautonomie und Tarifautonomie gehören also zum Bereich der sich selbst verfassenden Gesellschaft, die nicht ständisch gegliedert, sondern als herrschaftsfreie Sozialordnung gestaltet ist.

Für die Betriebsverfassung gelten dagegen Strukturprinzipien, wie sie sonst nur anzutreffen sind, wenn ein Bereich *öffentlichrechtlich* organisiert ist. Daher ist es verständlich, daß das Reichsgericht und das Reichsarbeitsgericht sowie die herrschende Lehre im Schrifttum der Weimarer Zeit[6] und auch in letzterer Zeit vor allem noch *Rolf Dietz* die Betriebsverfassung für einen Teil des öffentlichen Rechts hielten[7]. Durch Gesetz wird die Belegschaft als soziale Realität rechtlich verfaßt, um dem Arbeitnehmer eine Mitbestimmung in Angelegenheiten einzuräumen, auf deren Gestaltung der einzelne Arbeitnehmer keinen Einfluß nehmen kann. Durch die Betriebsverfassung soll, wie *Theo Mayer-Maly* es formuliert hat, eine Teilnahme der „Beherrschten" an der Ausübung der „Herrschaft" ermöglicht werden[8].

---

[5] *R. Scholz*, Koalitionsfreiheit als Verfassungsproblem, 1971, insbes. S. 25 ff., 33 ff., 283 ff.

[6] RGZ 107, 244; 108, 167; 116, 9; RAG, ARS 2, 84; 3, 39 (41); 5, 508 (510); 6, 405 (407); 8, 328 (330); 8, 401 (403); 9, 428 (433); 10, 10 (12); 11, 129 (131); 11, 145 (152); 11, 560 (564); *W. Kaskel*, Arbeitsrecht, 3. Aufl., 1928, S. 331, 395; *H. Sinzheimer*, Grundzüge des Arbeitsrechts, 2. Aufl., 1927, S. 228; *Flatow-Kahn-Freund*, Betriebsrätegesetz, 13. Aufl., 1931, vor § 1 Anm. 1.

[7] *R. Dietz*, Betriebsverfassungsgesetz, 4. Aufl., 1967, § 1 Anm. 15 ff.; weiterhin *E. Molitor*, Über die Rechtsnatur der Betriebsvertretungen, in: Festschrift für Herschel, 1955, S. 105 ff.; zum Betriebsverfassungsgesetz vom 15. Januar 1972 nur noch *Erdmann-Jürging-Kammann*, Betriebsverfassungsgesetz, 1972, § 1 Anm. 8.

[8] *Th. Mayer-Maly*, Österreichisches Arbeitsrecht, 1970, S. 208.

Man kann deshalb rechtsdogmatisch auf das *konstitutionelle Formprinzip der Repräsentation* zurückgreifen, um das Verhältnis zwischen Belegschaft und Betriebsrat zutreffend zu bestimmen[9]. Die Legitimation des Betriebsratsamtes beruht nicht auf einem individualrechtlichen Unterwerfungsakt, sondern auf einer Wahl; der Betriebsrat ist nicht durch das liberale Prinzip, sondern durch das *demokratische Prinzip* legitimiert, die im Betrieb tätigen Arbeitnehmer zu repräsentieren. Damit ist das Thema gestellt, der Stellenwert der Betriebsverfassung innerhalb der rechtlichen Ordnung der Gesellschaft und insbesondere ihr Verhältnis zur Privatautonomie.

II. Privatautonomie als Ordnungsaufgabe

1. Vertragsfreiheit — Sozialmodell und soziale Realität

Mit dem Begriff der Privatautonomie wird der Ordnungsgrundsatz beschrieben, durch welchen jedem einzelnen die Möglichkeit eröffnet wird, rechtliche Beziehungen durch selbstbestimmte Regelungen zu begründen. Privatautonomie in diesem Verständnis hat es seit alters her gegeben, und sie besteht in Gesellschaftsordnungen verschiedener Art. *Gesellschaftsprägend* ist sie nur dort, wo für den einzelnen eine Freiheitssphäre verfassungsmäßig anerkannt und gewährleistet ist. Voraussetzung ist also, daß der einzelne nicht auf die Rolle als „Organ einer objektiven überindividuellen Ordnung"[10] beschränkt wird, daß die von ihm geschaffene Regelung nicht lediglich eine von der Gesamtheit bestimmte Ordnung verwirklichen darf, sondern aus *eigenem Geltungswillen* rechtsverbindlich ist[11].

Vom Modell her ist der *Vertrag* das beherrschende Ordnungsinstrument der Privatautonomie. Wesen und Grenzen der Privatautonomie werden daher am Problem des Vertrags und der Vertragsfreiheit dargestellt. In den Hintergrund tritt, daß

---

[9] *Dietz-Richardi*, Betriebsverfassungsgesetz, 5. Aufl., 1973, § 1 Anm. 13; *R. Richardi*, Betriebsratsamt und Gewerkschaft, RdA 1972, S. 8 (10).

[10] *E. Kaufmann*, Das Wesen des Völkerrechts und die clausula rebus sic stantibus. Rechtsphilosophische Studie zum Rechts-, Staats- und Vertragsbegriff, 1911, S. 175.

[11] *R. Richardi*, Kollektivgewalt und Individualwille bei der Gestaltung des Arbeitsverhältnisses, 1968, S. 35 ff.

die Vertragsfreiheit für die Privatautonomie lediglich einen *instrumentalen* Beitrag zu leisten vermag. Die Vertragsfreiheit als beherrschendes Grundelement der Privatautonomie ist der liberalen Ideologie des 19. Jahrhunderts entnommen. Ihr Bezugspunkt ist die vorindustrielle bürgerliche Gesellschaft, die vom Privateigentum als Existenzvoraussetzung und als Grundlage der Freiheit bestimmt wird[12]. Die Anerkennung der Freiheit und Gleichheit aller Menschen galt zwar auch für die Arbeitsverfassung, sie hat aber nicht eine herrschaftsfreie Gestaltung der Arbeitsverhältnisse nach dem Grundsatz der Selbstbestimmung ermöglicht. Man beschränkte sich vielmehr darauf, mit der Einführung der Gewerbefreiheit auch den Inhalt des Arbeitsvertrags freizugeben und das Arbeitsverhältnis unter den Grundsatz der Vertragsfreiheit zu stellen. Die gesetzliche Genealogie der Arbeitsvertragsfreiheit reicht dabei weit über die sonst zitierte Bestimmung des § 105 der Reichsgewerbeordnung vom 21. Juli 1869 zurück auf § 8 des Preußischen Gesetzes über die polizeilichen Verhältnisse der Gewerbe, in bezug auf das Edikt vom 2. November 1810, wegen Einführung einer allgemeinen Gewerbesteuer, vom 7. September 1811 (Gesetz-Sammlung für die Königlichen Preußischen Staaten 1811, S. 263)[13].

Mit dieser rechtlichen Grundentscheidung war die Voraussetzung dafür geschaffen, die abhängige Arbeit in ihrer ökonomischen Funktion *unabhängig* von der *Person des Arbeiters* zu erfassen. Bis zum 19. Jahrhundert war die Arbeitsverfassung dadurch gekennzeichnet, daß Arbeit auf Grund eines *personen-*

---

[12] Vgl. *F. Wieacker*, Privatrechtsgeschichte der Neuzeit, 2. Aufl., 1967, S. 442; *L. Raiser*, Vertragsfreiheit heute, JZ 1958, S. 1 ff.; *ders.*, Grundgesetz und Privatrechtsordnung, Verhandlungen des 46. DJT, Bd. II/B, 1967.

[13] Die einschlägigen Bestimmungen lauten:
§ 6. Wer bisher nicht zünftig war, kann unter Beachtung der Vorschriften § 1 bis 5 auf den Grund seines Gewerbescheins jedes Gewerbe treiben, ohne deshalb genöthigt zu seyn, irgend einer Zunft beizutreten.
§ 7. Er ist demohnerachtet auch berechtigt, Lehrlinge und Gehülfen anzunehmen.
§ 8. In diesem Falle wird die Lehrzeit oder die Dauer des Dienstes, das etwanige Lehrgeld, Lohn, Kost und Behandlung blos durch freien Vertrag bestimmt.
Vgl. dazu auch *J. W. Hedemann*, Die Fortschritte des Zivilrechts im 19. Jahrhundert, Erster Teil: Die Neuordnung des Verkehrslebens, 1910, S. 7 f., dort Fußn. 4.

rechtlichen Herrschaftsverhältnisses erbracht wurde[14]. Wer abhängige Arbeit leistete, war grundsätzlich unter die Herrschaftsgewalt eines Dienstherrn gestellt. Wer sie ausnahmsweise außerhalb eines Abhängigkeitsverhältnisses erbrachte, wie die „gedungenen gemeinen Handarbeiter und Tagelöhner", gehörte zu den unterständischen Schichten, die nehmen mußten, was geboten wurde. Sie waren zwar formal frei, standen aber außerhalb der ständischen Ordnung und waren deshalb ohne jeden sozialen Schutz. Grundsätzlich war also innerhalb der damals bestehenden Ordnung eine gleichberechtigte Mitgestaltung der Lohn- und Arbeitsbedingungen nicht einmal *formal* gewährt. Die Anerkennung der Freiheit und Gleichheit für alle Menschen brachte aber keine herrschaftsfreie und soziale Arbeitsverfassung, sondern führte zur Ausbildung des Vierten Standes. Wer befreit von den Fesseln herrschaftlicher Verhältnisse, nicht den Anschluß an das Bürgertum fand, sank auf das Niveau der bisherigen unterständischen Schichten: Aus dem Pöbelstand entwickelte sich das Proletariat[15]. Ihm gegenüber hatte die Privatautonomie lediglich die Bedeutung von *Herrschaftstiteln innerhalb einer Privilegienordnung,* ohne mit ihnen den sozialen Schutz zu verbinden, zu dem der Feudalherr verpflichtet war.

Mit der zunehmenden Industrialisierung verlor außerdem die Vertragsfreiheit ihre Bedeutung als Ordnungselement für eine herrschaftsfreie Sozialordnung. Die Technisierung und Rationalisierung der Arbeitsvorgänge haben zu einer hochgradigen Arbeitsteilung geführt, die ihrerseits Voraussetzung dafür ist, daß die Produktivität der Arbeitsleistung in bisher nicht gekanntem Maße gesteigert werden konnte. Damit ist ein grundlegender Wandel in der Gesellschaftsordnung eingetreten. Die moderne Industriegesellschaft kann nicht mehr wie die vorindustrielle Gesellschaft des Bürgertums *Eigentümergesellschaft* sein; sie ist eine *Arbeitnehmergesellschaft.* Immer mehr Menschen leisten abhängige Arbeit und finden in ihr ihre Existenzgrundlage. Man kann die Arbeitsteilung beklagen, als *Ordnungstatsache* ist sie aber jeder Rechtsordnung vorgegeben; denn

---

[15] Vgl. *W. Conze,* Vom „Pöbel" zum „Proletariat". Sozialgeschichtliche Voraussetzungen für den Sozialismus in Deutschland, Vierteljahresschrift für Sozial- und Wirtschaftsgeschichte, Bd. 44 (1954) S. 333 ff.

[14] Vgl. dazu auch *Richardi,* Kollektivgewalt und Individualwille (s. Fußn. 11), S. 111 ff.

es gibt zu ihr keine vernünftige Alternative, um die Existenz-
bedingungen der Menschen auf unserem Planeten zu sichern und
ein menschenwürdiges Leben zu ermöglichen[16].

2. Mitbestimmung als Instrumentarium der Privatautonomie

Die Privatautonomie kann nicht von einem *Instrumentarium*
aus bestimmt werden, das nur unter bestimmten gesellschaftlichen Voraussetzungen *idealtypisch* ein Höchstmaß an Selbstbestimmung gewährleistet. Der individuelle Vertrag ist nur in
der Eigentümergesellschaft das privatautonome Gestaltungs-
mittel par excellence. In der modernen Arbeitnehmergesellschaft
ist dagegen die Privatautonomie eine *Aufgabe der Rechtsordnung;* denn die Konzentration der Güterproduktion und die
hochspezialisierte Arbeitsteilung bringen jeden einzelnen in eine
notwendige Abhängigkeit von dem Verwaltungsapparat, der die
Produktion lenkt und verteilt. Der für die Privatautonomie
konstitutive Gedanke, eine herrschaftsfreie Ordnung nach dem
Grundsatz der Selbstbestimmung zu schaffen, führt deshalb zur
Mitbestimmung als notwendigem Instrumentarium. Im Bericht
der Mitbestimmungskommission wird hervorgehoben, „daß die
Unterordnung des Arbeitnehmers unter fremde Leitungs- und
Organisationsgewalt im Unternehmen mit seiner Selbstbe-
stimmtheit, der ihm rechtlich zuerkannten Möglichkeit, seine
Zwecke selbst zu wählen und eigene Initiativen zu entfalten, nur
solange vereinbar ist, als sie ihre Entsprechung in Gestalt der
Freiheit der Beteiligung an den Entscheidungen findet, die den
Arbeitsprozeß regeln und gestalten"[17].

Damit kommt der Betriebsverfassung eine zentrale Bedeutung
zu. Durch ihre Institutionen wird, wie es ebenfalls im Bericht
der Mitbestimmungskommission heißt, der Arbeitnehmer „in die
Lage versetzt, eigene Initiativen zur Wahrung seiner Interessen
in dem Bereich zu entfalten, in dem nach arbeitsvertraglicher
Regelung der Arbeitgeber allein entscheidet"[18]. Die Mitbestimmung in der Betriebsverfassung hat deshalb eine wichtige Funktion, um eine Ordnung nach dem Grundsatz der Selbstbestimmung zu ermöglichen. Andererseits ist zu berücksichtigen, daß

---

[16] B. *Rüthers*, Arbeitsrecht und politisches System. BRD : DDR, 1972, S. 15.
[17] BT-Drucksache VI/334, S. 56.
[18] BT-Drucksache VI/334, S. 59.

die Legitimation des Betriebsrats nicht wie die der Gewerkschaft auf einem *individualrechtlichen Unterwerfungsakt* beruht. Hierin liegt ein wesentlicher Unterschied zum Tarifvertrag, dessen Rechtsgeltung grundsätzlich *beiderseitige Tarifgebundenheit* voraussetzt. Vielfach wird er durch den Hinweis relativiert, daß die demokratische Legitimation nicht geringer wiegt als die auf den Beitritt zurückzuführende Legitimation der Koalitionen[19]. Dem Gedanken der Privatautonomie steht aber die Tarifautonomie näher als das durch Gesetz geschaffene Betriebsratsamt.

III. Tarifautonomie und Betriebsverfassung

1. Betriebsverfassung als rechtliche Friedensordnung

Für die soziale Ordnung des Arbeitslebens ist vor allem die Tarifautonomie die prägende Kraft. Sie bestimmt den *freiheitsrechtlichen* Charakter unserer Arbeitsverfassung[20]. Daher ist für Aufbau und Gestaltung der Betriebsverfassung maßgebend, daß von ihr keine ungünstigen Impulse auf die Funktionsvoraussetzungen der Tarifautonomie ausgehen. Dies wird bereits weitgehend dadurch gesichert, daß die Zuständigkeit der Betriebsräte in eine rechtliche *Friedensordnung* eingefügt ist, während die Tarifautonomie Bestandteil einer rechtlichen *Kampfordnung* ist. Wo immer das Recht diese beiden Grundformen einer möglichen Ordnung *wahlweise* zuläßt, erfolgt bei Interessengegensatz soziologisch die Konfliktlösung nach den Grundsätzen der Kampfordnung[21].

Magna Charta der Betriebsverfassung ist das Gebot der vertrauensvollen Zusammenarbeit zwischen Arbeitgeber und Betriebsrat zum Wohl der Arbeitnehmer und des Betriebs (§ 2

---

[19] Vgl. *P. Hanau*, Buchbesprechung, JZ 1969, S. 643; weiterhin *F.-J. Säcker* bei Hueck-Nipperdey, Lehrbuch des Arbeitsrechts, Bd. II/2, 7. Aufl., 1970, S. 1669 f.; *ders.*, Gruppenautonomie (s. Fußn. 4), S. 344; *ders.*, Die Regelung sozialer Angelegenheiten im Spannungsfeld zwischen tariflicher und betriebsvereinbarungsrechtlicher Normsetzungsbefugnis, ZfA-Sonderheft 1972, S. 41 (50).

[20] Vgl. auch *Rüthers*, Arbeitsrecht und politisches System (s. Fußn. 16), S. 23, wo darauf hingewiesen wird, daß im „Marktmodell" der Tarifautonomie die freiheitliche Komponente der Privatautonomie prinzipiell erhalten bleibt.

[21] Vgl. *Richardi*, Kollektivgewalt und Individualwille (s. Fußn. 11), S. 266 f.

14

Abs. 1 BetrVG). Es wird durch die absolute Friedenspflicht ergänzt: Maßnahmen des Arbeitskampfes zwischen Arbeitgeber und Betriebsrat sind unzulässig (§ 74 Abs. 2 Satz 1 BetrVG). Anders als im überbetrieblichen Bereich, wo Koalitionsfreiheit, Tarifautonomie und Arbeitskampf die rechtliche Ordnung der abhängigen Arbeit bestimmen, gilt im betriebsverfassungsrechtlichen Bereich das *Arbeitskampfverbot*[22]. Arbeitgeber und Betriebsrat dürfen keine Kampfmaßnahmen gegeneinander richten, um betriebliche Interessenkonflikte zu lösen, sondern sie müssen sich der Formen bedienen, die das Gesetz zur Verfügung stellt. Die Mitwirkung und Mitbestimmung der Arbeitnehmer im Rahmen der Betriebsverfassung ist deshalb durch ein *abgestuftes System* von Beteiligungsrechten gestaltet. Sie reichen von bloßen *Unterrichtungsrechten*, z. B. über die Personalplanung (§ 92 Abs. 1 Satz 1 BetrVG), über ein *Anhörungsrecht* bei Kündigungen (§ 102 Abs. 1 und Abs. 2 BetrVG) zu einem *Beratungsrecht*, z. B. über die Errichtung und Ausstattung betrieblicher Einrichtungen zur Berufsbildung (§ 97 BetrVG), und sie verstärken sich zum *Mitbestimmungsrecht*, wenn der Arbeitgeber eine Entscheidung nur mit Zustimmung des Betriebsrats treffen darf, wobei für den Umfang des Mitbestimmungsrechts von Bedeutung ist, ob die Zustimmung im Ermessen des Betriebsrats liegt, wie bei den mitbestimmungspflichtigen sozialen Angelegenheiten, die im Katalog des § 87 BetrVG abschließend aufgeführt sind, oder ob der Betriebsrat die Zustimmung nur aus bestimmten Gründen verweigern kann, wie bei der Einstellung, Eingruppierung, Umgruppierung und Versetzung von Arbeitnehmern nach § 99 BetrVG. Wo das Gesetz dem Betriebsrat das *Recht zur Mitentscheidung* gibt, muß es auch ein Instrument zur Lösung von Meinungsverschiedenheiten bereitstellen. Das ist entweder die Einigungsstelle, die in mitbestimmungspflichtigen Angelegenheiten eine verbindliche Entscheidung treffen kann, oder es ist das *Arbeitsgericht*, das im Beschlußverfahren, einem besonders gestalteten Verfahren, die Zustimmung des Betriebsrats ersetzen kann.

Diese Struktur der Betriebsverfassung führt dazu, daß immer wieder die Frage aufgeworfen wird, ob vor allem dann, wenn

[22] Vgl. dazu *Dietz-Richardi*, BetrVG (s. Fußn. 9), § 74 Anm. 9 ff.; *C.-H. Germelmann*, Der Betriebsfrieden im Betriebsverfassungsrecht, 1972, S. 98 ff.

in einer mitbestimmungspflichtigen Angelegenheit die Entscheidung von einem Dritten getroffen wird, es sich um die Ausübung *hoheitlicher Gewalt* handelt[23]. Dies ist der Fall, soweit die Arbeitsgerichte die fehlende Zustimmung des Betriebsrats ersetzen können, wie bei der Einstellung, Eingruppierung, Umgruppierung und Versetzung von Arbeitnehmern. Da hier aber die Zustimmung nur aus bestimmten Gründen verweigert werden kann, handelt es sich um eine Rechtsentscheidung, die zu treffen, Aufgabe der Gerichte ist. Zweifelhaft ist aber, ob dort, wo die Einigungsstelle die Einigung zwischen Arbeitgeber und Betriebsrat ersetzen kann, hoheitliche Gewalt ausgeübt wird. Es wird die Auffassung vertreten, daß die Einigungsstelle, soweit sie die Kompetenz zur Zwangsschlichtung habe, mit hoheitlicher Gewalt ausgestattet sei, so daß ihre Entscheidungen die Qualität von Verwaltungsakten hätten[24]. Diese Betrachtungsweise beruht letztlich auf einem *verengten* Verständnis der Privatautonomie und berücksichtigt nicht, daß die Einigungsstelle, auch soweit ihr Spruch die Einigung zwischen Arbeitgeber und Betriebsrat ersetzt, lediglich eine *Hilfsfunktion* ausübt, um die Mitbestimmung der Arbeitnehmer bei der Gestaltung der betrieblichen Ordnung zu gewährleisten, also letztlich der Aufgabe dient, das Modell der Privatautonomie in der gesellschaftlichen Ordnung zu verwirklichen[25].

2. Der Vorrang der Tarifautonomie

Doch zeigt gerade die Kontroverse um die Rechtsnatur der Einigungsstelle und ihrer Sprüche, daß über dort, wo der Ge-

[23] Vgl. *K. Obermayer*, Verfassungsrechtliche Bedenken gegen den Regierungsentwurf eines Betriebsverfassungsgesetzes, DB 1971, S. 1715 (1719 ff.).
[24] *Obermayer* (s. Fußn. 23), DB 1971, S. 1715 (1720); ähnlich bereits *E. R. Huber*, Wirtschaftsverwaltungsrecht, Bd. II, 2. Aufl., 1954, S. 630. Vgl. gegen *Obermayer* auch *W. Dütz*, Zwangsschlichtung im Betrieb — Kompetenz und Funktion der Einigungsstelle nach dem BetrVG 1972, DB 1972, S. 383 (390); *P. Schwerdtner*, Unternehmen, Betrieb, Eigentum und freie Entfaltung der Persönlichkeit, BlStSozArbR 1972, S. 33 (37); *D. Leipold*, Die Einigungsstellen nach dem neuen Betriebsverfassungsgesetz, in: Festschrift für Schnorr v. Carolsfeld, 1973, S. 273 (279 ff.).
[25] Vgl. auch *Richardi*, Kollektivgewalt und Individualwille (s. Fußn. 11), S. 43, wo darauf hingewiesen wird, daß dem Gesetzgeber freisteht, zur Gestaltung der Privatautonomie besondere Institutionen zu schaffen und sie abweichend von den Grundsätzen der individuellen Vertragsfreiheit zu regeln, wenn auf Grund vorgegebener Ordnungstatsachen die Privatautonomie nicht durch den individuellen Schuldvertrag als ausschließlichen Akttyp verwirklicht werden kann.

setzgeber einen Teilbereich der Gesellschaft *intervenierend* verfaßt, um die Voraussetzungen für eine Beteiligung an der dort bestehenden Ordnung zu schaffen, Strukturprinzipien gelten, wie sie sonst nur anzutreffen sind, wenn eine Ordnung öffentlich-rechtlichen Grundsätzen folgt. Diese Erkenntnis führt zu der These, daß jede durch einen rechtsgeschäftlichen Unterwerfungsakt legitimierte Regelungsbefugnis dem Gedanken der Privatautonomie mehr entspricht als eine durch Gesetz geschaffene Repräsentation. Daher bedeutet es auch eine Sicherung der Privatautonomie, daß der Tarifvertrag sämtliche Angelegenheiten der innerbetrieblichen Ordnung regeln kann.

Das Verhältnis der Tarifautonomie zur Betriebsverfassung wird aber nicht nur durch die *negative* Abgrenzung bestimmt, daß die Aufgaben der Gewerkschaften und der Arbeitgebervereinigungen nicht berührt werden (§ 2 Abs. 3 BetrVG), sondern es wird vor allem den Gewerkschaften im Verhältnis zu den Betriebsräten der Initiativvorgang gesichert: Nach § 77 Abs. 3 BetrVG können Arbeitsentgelte und sonstige Arbeitsbedingungen, die durch Tarifvertrag geregelt sind oder üblicherweise geregelt werden, nicht Gegenstand einer Betriebsvereinbarung sein[26]. Der Zweck der Regelung besteht nach Ansicht des

---

[26] Unter die Regelungssperre fallen nach herrschender Meinung nur die *materiellen Arbeitsbedingungen*, nicht dagegen die formellen Arbeitsbedingungen, die sich mit der Ordnung des Betriebes und dem damit zusammenhängenden Verhalten der Arbeitnehmer im Betrieb befassen; vgl. *Bohn-Dutti*, Betriebsverfassungsgesetz, 1972, § 7 Anm. 9; *Dietz-Richardi*, BetrVG (s. Fußn. 9), § 77 Anm. 176 ff.; *Erdmann-Jürging-Kammann*, BetrVG (s. Fußn. 7), § 77 Anm. 49; *Hautmann-Schmitt*, Betriebsverfassungsgesetz, 1972, § 77 Anm. II 3 e; *Mager-Wisskirchen*, Betriebsverfassungsgesetz mit Erläuterungen, 1972, Anm. zu § 77; Kommentar des Arbeitsringes Chemie zum Betriebsverfassungsgesetz, 1972, § 77 Anm. 3; *Stege-Weinspach*, Betriebsverfassungsgesetz 1972, Leitfaden, 1972, S. 126; *D. Kirchner*, Die Sperrwirkung von Tarifvertrag und Tarifübung für die Verwirklichung des Mitbestimmungsrechts des Betriebsrates nach § 87 BetrVG, BB 1972, S. 1279; *D. Boewer*, Das Initiativrecht des Betriebsrats in sozialen Angelegenheiten, DB 1973, S. 522 (526). Auf einem ähnlichen Standpunkt stehen *H.-Th. Brecht*, Betriebsverfassungsgesetz, 1972, § 77 Anm. 24, und *Fitting-Auffarth*, Betriebsverfassungsgesetz, 10. Aufl., 1972, § 77 Anm. 51, wenn sie unter den sonstigen Arbeitsbedingungen alles verstehen, was Gegenstand der Inhaltsnormen eines Tarifvertrags sein könne; unklar dagegen *H. Sahmer*, Betriebsverfassungsgesetz, 1972, § 77 Anm. 12, wenn er als sonstige Arbeitsbedingungen die Rechte und Pflichten bezeichnet, die sich aus der Stellung des Arbeitnehmers im Betrieb ergeben, deren Inhalt aber nicht mit der Ordnung des Betriebs zusammenhänge. Demgegenüber vertreten die Ansicht, daß unter die Regelungssperre *alle* Arbeitsbedingungen fallen, soweit sie nicht Gegenstand eines Mitbestimmungsrechts nach § 87 sind: *K. Adomeit* bei Hanau-

Bundesarbeitsgerichts darin, den überbetrieblichen Sozial-
partnern ein Monopol zur einheitlichen Gestaltung der materiellen Arbeitsbedingungen zu verschaffen; dadurch solle sicherge-
stellt werden, daß die Tarifpolitik der Verbände nicht gestört
und der Streit um die materiellen Arbeitsbedingungen aus dem
Betrieb ferngehalten werde[27]. Doch weniger darin liegt der
Zweck der Bestimmung als vielmehr in der Erhaltung der
Funktions- und Leistungsfähigkeit der Sozialpartner[28]. Warum
aber gerade deshalb der Vorrang vor der Kompetenz der demo-
kratisch legitimierten Betriebsräte besteht, kann nicht allein mit

---

Adomeit, Arbeitsrecht, 1972, D II 3; ders., Thesen zur betrieblichen Mitbestimmung nach dem neuen Betriebsverfassungsgesetz, BB 1972, S. 53 (54);
Gnade-Kehrmann- Schneider, Betriebsverfassungsgesetz, 1972, § 77 Anm. 9;
vor allem Säcker (s. Fußn. 19), ZfA-Sonderheft 1972, S. 41 (66). Diese Ansicht wurde aber zu § 59 BetrVG 1952, dem Vorgänger des jetzt maßgeblichen § 77 Abs. 3 BetrVG, nur vereinzelt vertreten; so vor allem von
K. H. Biedenkopf, Grenzen der Tarifautonomie, 1964, S. 285, während die
herrschende Meinung der Auffassung war, daß nur die materiellen Arbeitsbedingungen unter die Regelungssperrre fallen: BAG, AP Nr. 1 zu § 2
ArbGG Betriebsvereinbarung; AP Nr. 25 zu § 56 BetrVG; BAGE 19, 279
(282) = AP Nr. 25 zu § 59 BetrVG; AP Nr. 26 zu § 59 BetrVG; Dietz,
BetrVG (s. Fußn. 7), § 59 Anm. 7 ff.; Galperin-Siebert, Betriebsverfassungsgesetz, 4. Aufl., 1963, § 59 Anm. 6; A. Nikisch, Arbeitsrecht, Bd. II, 2. Aufl.,
1959, S. 400, Bd. III, 2. Aufl., 1966, S. 260 f., 277, 385; Nipperdey-Säcker
bei Hueck-Nipperdey, Lehrbuch des Arbeitsrechts, Bd. II/2, 7. Aufl., 1970,
S. 1397; H. Neumann-Duesberg, Betriebsverfassungsgesetz, 1960, S. 469;
W. Zöllner, Die Sperrwirkung des § 59 BetrVG, in : Festschrift für
Nipperdey, 1965, Bd. II, S. 699 (706); H. Monjau, Der Vorrang der Tarifvertragsparteien bei der Regelung materieller Arbeitsbedingungen, BB 1965,
S. 632 ff.; G. Wiese, Die Beschränkung der Sperrwirkung des § 59 BetrVG
auf Arbeitsentgelte und sonstige Arbeitsbedingungen, RdA 1968, S. 41 ff.;
M. L. Hilger, Arbeitstechnische Lohnfestsetzung zwischen formellen und
materiellen Arbeitsbedingungen, BB 1969, S. 448 ff.
[27] BAGE 5, 226 (228) = AP Nr. 1 zu § 59 BetrVG; BAGE 14, 140 (144)
= AP Nr. 9 zu § 59 BetrVG; Dietz, BetrVG (s. Fußn. 7), § 59 Anm. 1;
Erdmann-Jürging-Kammann, BetrVG (s. Fußn. 7), § 77 Anm. 46; Galperin-
Siebert, BetrVG (s. Fußn. 26), § 59 Anm. 3; Neumann-Duesberg (s. Fußn. 26),
S. 469; ausführlich Wiese (s. Fußn. 26), RdA 1968, S. 41 ff.; kritisch zu
diesen rechtspolitischen Überlegungen Zöllner (s. Fußn. 26), Festschrift für
Nipperdey, Bd. II, S. 701 ff., insbes. 702, und Säcker, Zur Interpretation der
Öffnungsklausel des § 59 BetrVG, RdA 1967, S. 370 (371 f); vgl. auch
H. Hablitzel, Zur Zulässigkeit von Betriebsvereinbarungen bei bestehender
Tarifüblichkeit, DB 1971, S. 2158 ff.
[28] K. H. Biedenkopf, Grenzen der Tarifautonomie, 1964, S. 282; zustimmend F. Gamillscheg, Die Differenzierung nach der Gewerkschaftszugehörig-
keit, 1966, S. 85; Wiese (s. Fußn. 26), RdA 1968, S. 41 (43); ähnlich Zöllner
(s. Fußn. 26), Festschrift für Nipperdey, 1965, Bd. II, S. 699 (703 f.), der
den Zweck der Bestimmung in der Gewährleistung des Rechtsetzungsmonopols
für die Sozialpartner sieht; zustimmend Hablitzel (s. Fußn. 27), DB 1971,
S. 2158 (2160 f.).

dem Hinweis auf die verfassungsrechtliche Garantie der Koalitionsfreiheit in Art. 9 Abs. 3 GG begründet werden. Entscheidend ist vielmehr, daß der Bereich der „Arbeitsentgelte und sonstigen Arbeitsbedingungen" nach der Kompetenzzuweisung im Grundgesetz durch den Tarifvertrag als *Instrument des freiheitsrechtlichen Koalitionsverfahrens* gestaltet werden soll[29]. Damit berücksichtigt die gesetzliche Regelung, daß die auf der Koalitionsfreiheit beruhende kollektive Ordnung der verfassungsmäßigen Grundentscheidung für die individuelle Freiheit näher steht als eine korporative Ordnung auf betrieblicher Ebene.

Der Vorrang der Tarifautonomie besteht sogar in den sozialen Angelegenheiten, für die nach § 87 BetrVG ein Mitbestimmungsrecht des Betriebsrats besteht: Der Betriebsrat hat nur mitzubestimmen, soweit eine tarifliche Regelung nicht besteht[30]. Trotz des umfangreichen Katalogs handelt es sich aber um betriebliche Angelegenheiten, für die eine Regelung im Tarifvertrag häufig fehlt, weil es auf die Eigenart des konkreten Betriebs ankommt. Andererseits scheidet eine arbeitsvertragliche Abrede überwiegend schon deshalb aus, weil diese Angelegenheiten nur einheitlich für alle Arbeitnehmer festgesetzt werden können. Der Arbeitgeber hätte hier das *Recht zur Alleinbestimmung,* wenn nicht der Betriebsrat *mitzubestimmen* hätte. Das Mitbestimmungsrecht des Betriebsrats in sozialen Angelegenheiten ist deshalb ein notwendiges Instrumentarium, um den Gedanken der Privatautonomie innerhalb der arbeitsteiligen Organisation des Betriebs zu verwirklichen.

IV. Mitbestimmung des Betriebsrats
in sozialen Angelegenheiten

1. Theorie der Wirksamkeitsvoraussetzung

Das Betriebsverfassungsgesetz ordnet an, daß der Betriebsrat *mitzubestimmen* hat. Der Betriebsrat hat daher nicht nur das durchsetzbare Recht, an der Gestaltung der mitbestimmungs-

---

[29] Vgl. für dieses Verständnis grundlegend *R. Scholz,* Koalitionsfreiheit als Verfassungsproblem, 1971, S. 257 ff., 314 ff.

[30] Vgl. zum tariflichen Vorrang ausführlich *Dietz-Richardi,* BetrVG (s. Fußn. 9), § 87 Anm. 91 ff.

pflichtigen Angelegenheiten beteiligt zu werden, sondern der Arbeitgeber ist auch verpflichtet, ihn zu beteiligen[31]. Diese Konkretisierung ergibt sich aus dem Gebot der vertrauensvollen Zusammenarbeit, das die rechtlichen Beziehungen zwischen Arbeitgeber und Betriebsrat allgemein beherrscht. Nach Ansicht des Bundesarbeitsgerichts und der ganz überwiegenden Lehre im Schrifttum soll die Zustimmung des Betriebsrats sogar eine *Wirksamkeitsvoraussetzung* für alle Maßnahmen im Bereich des § 87 BetrVG sein[32]. Doch ist diese Sanktion nicht zwangsläufig die Folge der Annahme, daß der Arbeitgeber verpflichtet ist, in den mitbestimmungspflichtigen sozialen Angelegenheiten die

---

[31] Vgl. *Dietz-Richardi*, BetrVG (s. Fußn. 9), § 87 Anm. 10 ff.

[32] BAGE 3, 207 (211 f.) = AP Nr. 4 zu § 56 BetrVG; BAGE 3, 266 (272 f.) = AP Nr. 4 zu § 56 BetrVG; AP Nr. 6 zu § 56 BetrVG; BAGE 10, 262 (265) = AP Nr. 22 zu § 56 BetrVG; BAGE 11, 318 (321) = AP Nr. 84 zu § 611 BGB Urlaubsrecht; AP Nr. 1 zu § 16 BMT-G II; weiterhin *Brecht*, BetrVG (s. Fußn. 26), § 87 Anm. 7; *Fitting-Auffarth*, BetrVG (s. Fußn. 26), § 87 Anm. 3, 6; *Gnade-Kehrmann-Schneider*, BetrVG (s. Fußn. 26), § 87 Anm. 2; *Säcker* (s. Fußn. 19), ZfA-Sonderheft 1972, S. 41 (46); *Sp. Simitis-M. Weiss*, Zur Mitbestimmung des Betriebsrats bei Kurzarbeit, DB 1973, S. 1240 (1241); aus dem Schrifttum zum BetrVG 1952: *Galperin-Siebert*, BetrVG (s. Fußn. 26), vor § 56 Anm. 53 ff.; *Nikisch* (s. Fußn. 26), III, S. 364; *Nipperdey-Säcker* bei Hueck-Nipperdey, II/2 (s. Fußn. 26), S. 1389 ff.; *Neumann-Duesberg* (s. Fußn. 26), S. 454; *K. Adomeit*, Die Regelungsabrede, 2. Aufl., 1961, S. 56 f.; *ders.*, Rechtsquellenfragen im Arbeitsrecht, 1969, S. 143, 153; *M. Hässler*, Mitbestimmung des Betriebsrats und arbeitsvertragliche Einheitsregelung, AuR 1965, S. 289 ff.; *B. Rüthers*, Betriebsverfassungsrechtliches Mitbestimmungsrecht und Individualbereich, in: Rüthers-Boldt, Zwei arbeitsrechtliche Vorträge, 1970, S. 7 (14 ff.). Neuerdings tritt *Adomeit* (s. Fußn. 26), BB 1972, S. 53 f., für eine *modifizierte Unwirksamkeitstheorie* ein, nach der eine der Mitbestimmung unterliegende, jedoch vom Arbeitgeber einseitig getroffene Regelung oder Maßnahme unwirksam sei, wenn sie das Interesse der Arbeitnehmer ohne sachlichen Grund verletze, d. h. wenn sie sozial ungerechtfertigt sei; zustimmend *Sahmer*, BetrVG (s. Fußn. 26), § 87 Anm. 3; ablehnend aber *Säcker* (s. Fußn. 19), ZfA-Sonderheft 1972, S. 41 (57 Fußn. 66).
Gegen die Theorie der notwendigen Mitbestimmung hatten sich vor allem ausgesprochen: *Dietz*, BetrVG (s. Fußn. 7), § 56 Anm. 6, 46 ff.; *ders.*, Der Anspruch auf Abschluß einer Betriebsvereinbarung nach § 56 BetrVG, in: Festschrift für Nipperdey, 1955, S. 147 ff.; *ders.*, Probleme des Mitbestimmungsrechts, 1966, S. 7 ff.; *Richardi*, Kollektivgewalt und Individualwille (s. Fußn. 11), S. 291, 293 f.; *ders.*, Die Beschränkung der Vertragsfreiheit durch das Mitbestimmungsrecht des Betriebsrats in sozialen Angelegenheiten, in: Festgabe für v. Lübtow, 1970, S. 755 ff.; *ders.*, Kritische Anmerkungen zur Reform der Mitbestimmung des Betriebsrats in sozialen und personellen Angelegenheiten nach dem Regierungsentwurf, DB 1971, S. 621 (626); zum neuen Betriebsverfassungsgesetz vom 15. Januar 1972 auch *W. Schlüter*, Die Rechtsfolgen mangelnder Beteiligung des Betriebsrats in sozialen Angelegenheiten (§ 87 BetrVG n. F.), DB 1972, S. 92 ff., 139 ff. = Beiträge zum Betriebsverfassungsgesetz 1972, Schriftenreihe DER BETRIEB, S. 13 ff.

20

Entscheidung gemeinsam mit dem Betriebsrat zu treffen. Der Arbeitgeber handelt zwar *betriebsverfassungswidrig*, wenn er den Betriebsrat nicht rechtzeitig und ordnungsgemäß beteiligt Daraus folgt aber nicht notwendig, daß die Zustimmung des Betriebsrats *Wirksamkeitsvoraussetzung* für *alle* Regelungen im Bereich der mitbestimmungspflichtigen Angelegenheiten ist[33]. Vor allem ergibt sich bereits aus der *Abgrenzung der Mitbestimmungstatbestände*, daß die Zustimmung des Betriebsrats keineswegs in allen Fällen eine Wirksamkeitsvoraussetzung darstellen kann[34]. Das ist evident für das Mitbestimmungsrecht bei Form, Ausgestaltung und Verwaltung von Sozialeinrichtungen gemäß § 87 Abs. 1 Nr. 8 BetrVG. Die Satzung einer Sozialeinrichtung ist nicht deshalb unwirksam, weil der Betriebsrat nicht beteiligt wurde; denn hier ist nicht einmal eine Betriebsvereinbarung, die in Ausübung des Mitbestimmungsrechts abgeschlossen wird, der Satzung der Sozialeinrichtung übergeordnet[35]. Andererseits kann im Rahmen der Mitbestimmung bei der Urlaubserteilung der Arbeitgeber den Urlaub nicht durch einseitige Erklärung zeitlich wirksam festlegen, wenn über die zeitliche Lage des Urlaubs zwischen ihm und dem beteiligten Arbeitnehmer kein Einverständnis erzielt wird; hier ist die Zustimmung des Betriebsrats eine Wirksamkeitsvoraussetzung (§ 87 Abs. 1 Nr. 5 BetrVG).

Die Frage, ob die Einigung zwischen Arbeitgeber und Betriebsrat eine Wirksamkeitsvoraussetzung darstellt, ist aber gleichwohl für die meisten Angelegenheiten, in denen der Betriebsrat mitzubestimmen hat, noch wenig geklärt, z. B. bei der

[33] Ebenso *Schlüter* (s. Fußn. 32), DB 1972, S. 92, 139 (94); vgl. auch *Dietz-Richardi*, BetrVG (s. Fußn. 9), § 87 Anm. 10 ff., 61. Vor allem ist für das geltende Recht zu berücksichtigen, daß bei einem groben Verstoß des Arbeitgebers der Betriebsrat oder eine im Betrieb vertretene Gewerkschaft beim Arbeitsgericht gemäß § 23 Abs. 3 BetrVG beantragen können, dem Arbeitgeber aufzugeben, die betriebsverfassungswidrig getroffene Maßnahme wieder aufzuheben; kommt der Arbeitgeber der in der gerichtlichen Entscheidung enthaltenen Anordnung nicht nach, so können gegen ihn Geldstrafen festgesetzt werden.
[34] Vgl. dazu *Dietz-Richardi*, BetrVG (s. Fußn. 9), § 87 Anm. 36 ff.
[35] Es handelt sich um dasselbe Problem wie in dem Fall, daß durch Tarifvertrag gemeinsame Einrichtungen der Tarifvertragsparteien vorgesehen und geregelt werden (§ 4 Abs. 2 TVG); vgl. dazu ausführlich *E. Bötticher*, Die gemeinsamen Einrichtungen der Tarifvertragsparteien, 1966, S. 26 ff.; *W. Zöllner*, Empfiehlt es sich, das Recht der Gemeinsamen Einrichtungen der Tarifvertragsparteien (§ 4 Abs. 2 TVG) gesetzlich näher zu regeln?, Verhandlungen des 48. DJT, Bd. I, 1970, Teil G, S. 44 ff.

Lage der täglichen Arbeitszeit (§ 87 Abs. 1 Nr. 2 BetrVG), bei
vorübergehender Verkürzung oder Verlängerung der betriebs-
üblichen Arbeitszeit (§ 87 Abs. 1 Nr. 3 BetrVG), bei Zeit, Ort
und Art der Auszahlung der Arbeitsentgelte (§ 87 Abs. 1 Nr. 4
BetrVG) und beim Übergang vom Zeitlohn zum Akkordlohn
sowie bei der Festsetzung der Akkord- und Prämiensätze und
vergleichbarer leistungsbezogener Entgelte (§ 87 Abs. 1 Nr. 10
und Nr. 11 BetrVG).
Dennoch ist es verfehlt, wenn man zur Sicherung des Mitbe-
stimmungsgedankens zur härtesten Sanktion greift und jede Gestaltung im Bereich der mitbestimmungspflichtigen Angelegenheiten für unwirksam hält, wobei nicht einmal eine Heilung
durch Genehmigung, also durch nachträgliche Zustimmung des
Betriebsrats in Betracht kommen soll[36]. Eine einheitliche Lösung
des Problems ist nicht möglich; denn es kommt entscheidend
darauf an, *warum* für bestimmte soziale Angelegenheiten ein
Mitbestimmungsrecht des Betriebsrats besteht.
Die Theorie der Wirksamkeitsvoraussetzung führt dagegen
dogmatisch zu erheblichen Widersprüchen, sie berücksichtigt
nicht die Belange des Rechtsverkehrs, und vor allem hat sie auf
Inhalt, Ausübung und Zweck des Mitbestimmungsrechts eine
denaturierende Wirkung. Darauf soll hier nicht im einzelnen
eingegangen werden[37].
Es genügt, die Negativpunkte aufzuzählen, die sich aus dem
Begründungszusammenhang mit der Theorie der Wirksamkeitsvoraussetzung ergeben:
1. Um den Bedürfnissen der Betriebspraxis zu genügen, soll
die Mitbestimmung sich nur auf *Kollektivmaßnahmen*,
nicht auf *Individualmaßnahmen* beziehen[38]; abgesehen davon, daß die Beschränkung der Mitbestimmung auf kollektive Maßnahmen kaum geeignet ist, eine sinnvolle Grenze

---

[36] *Neumann-Duesberg* (s. Fußn. 26), S. 460; *Simitis-Weiss* (s. Fußn. 32),
DB 1973, S. 1240; ursprünglich auch Adomeit, Regelungsabrede (s. Fußn. 32),
S. 93, 103; *ders.*, Mitbestimmung durch schlüssiges Verhalten des Betriebsrats, RdA 1963, S. 263 (265); *ders.*, Betriebliche Einigungen, BB 1967, S. 1003
(1004); anders aber für das BetrVG vom 15. Januar 1972 *ders.* bei Hanau-
Adomeit (s. Fußn. 26), D III 4 a.
[37] Vgl. dazu ausführlich *Dietz-Richardi*, BetrVG (s. Fußn. 9), § 87
Anm. 43—59.
[38] Vgl. *Brecht*, Betr.VG (s. Fußn. 26), § 87 Anm. 4; *Fitting-Auffahrt*,
BetrVG (s. Fußn. 26), § 87 Anm. 5; *K.-P. Frauenkron*, Betriebsverfassungsgesetz, 1972, § 87 Anm. 4; *Erdmann-Jürging-Kammann*, BetrVG (s. Fußn. 7),

zu ziehen[39], liegt hierin eine bemerkenswerte Inkonsequenz zu der These, daß § 87 BetrVG eine Schranke der individuellen Vertragsfreiheit darstelle, weil der einzelne Arbeitnehmer, wie das Bundesarbeitsgericht es einmal formuliert hat, bei seiner Entschließung nicht so frei sei wie der durch besondere Gesetzesgarantien geschützte Betriebsrat[40].

2. Die Zustimmung des Betriebsrats soll weiterhin dann nicht erforderlich sein, wenn ein *Eilfall* vorliegt[41]. Auch hier wird das Mitbestimmungsrecht nur deshalb eingeschränkt, weil bei Nichtbeteiligung des Betriebsrats die Nichtigkeit nicht als die angemessene Rechtsfolge erscheint, wenn der Arbeitgeber einseitig eine Anordnung trifft, die im Interesse eines geordneten Betriebsablaufs notwendig ist[42].

---

§ 87 Anm. 17; *Hautmann- Schmitt*, BetrVG (s. Fußn. 26), § 87 Anm. II 1; *Mager-Wisskirchen*, BetrVG (s. Fußn. 26), § 87, vor Anm. zu Ziff. 1; Kommentar Arbeitsring Chemie (s. Fußn. 26), Anm. 2 vor Anm. zu Ziff. 1; *Stege-Weinspach*, BetrVG (s. Fußn. 26), S. 223; *Rüthers*, Arbeitsrecht und politisches System (s. Fußn. 16), S. 150; *P. Hanau*, Praktische Fragen der Mitbestimmung in sozialen Angelegenheiten, BB 1972, S. 499 (500); ebenso zu § 56 BetrVG 1952: BAGE 3, 207 (214) = AP Nr. 2 zu § 56 BetrVG unter wörtlicher Zitierung von *Siebert-Hilger*, BB 1955, S. 670; BAGE 14, 164 (173) = AP Nr. 2 zu § 56 BetrVG Entlohnung; AP Nr. 4 und 5 zu § 56 BetrVG Entlohnung; *Dietz*, BetrVG (s. Fußn. 7), § 56 Anm. 22 und 23; *Fitting-Kraegeloh-Auffarth*, Betriebsverfassungsgesetz, 9. Aufl., 1970, § 56 Anm. 5; *Galperin-Siebert*, BetrVG (s. Fußn. 26), vor § 56 Anm. 6 ff., 11; *Nikisch* (s. Fußn. 26), III, S. 368 f.; *Neumann-Duesberg* (s. Fußn. 26), S. 462; *Adomeit*, Regelungsabrede (s. Fußn. 32), S. 41 ff., 59 ff.

[39] Vgl. ausführlich *Richardi*, Festgabe für v. Lübtow (s. Fußn. 32), S. 755 (767 ff.); *Dietz-Richardi*, BetrVG (s. Fußn. 9), § 87 Anm. 19 ff.; vgl. auch *A. Söllner*, Arbeitsrecht, 3. Aufl., 1973, S. 158; *ders.*, Betrieb und Menschenwürde, RdA 1968, S. 437 (439); *Simitis-Weiss* (s. Fußn. 32), DB 1973, S. 1240 (1242); wohl auch *Gnade-Kehrmann-Schneider*, BetrVG (s. Fußn. 26), § 87 Anm. 8; *Sahmer*, BetrVG (s. Fußn. 26), § 87 Anm. 5.

[40] BAGE 14, 164 (173) = AP Nr. 2 zu §56 BetrVG Entlohnung.

[41] Vgl. *Brecht*, BetrVG (s. Fußn. 26), § 87 Anm. 8; *Erdmann-Jürging-Kammann*, BetrVG (s. Fußn. 7), § 87 Anm. 19; *Stege-Weinspach*, BetrVG (s. Fußn. 26), S. 221; *Adomeit* bei Hanau-Adomeit (s. Fußn. 26), D III 4 a; — ebenso zu § 56 BetrVG 1952: BAGE 12, 117 (122) = AP Nr. 1 zu § 56 BetrVG Arbeitszeit; *Galperin-Siebert*, BetrVG (s. Fußn. 26), vor § 56 Anm. 17; *Nikisch*, Bd. III (s. Fußn. 26), S. 371; *Nipperdey-Säcker* bei Hueck-Nipperdey, Bd. II/2 (s. Fußn. 26), S. 1393; *Neumann-Duesberg* (s. Fußn. 26), S. 456; *Adomeit* (s. Fußn. 32), Regelungsabrede, S. 58; — unter Beschränkung auf ein Recht zum Notentscheid: *W. Dütz*, Einstweiliger Rechts- und Interessenschutz in der Betriebsverfassung, ZfA 1972, S. 247 (267); *Hanau* (s. Fußn. 38), BB 1972, S. 499 (500 f.); *Säcker* (s. Fußn. 19), ZfA-Sonderheft 1972, S. 41 (60); — a. A. *Gnade-Kehrmann-Schneider*, BetrVG (s. Fußn. 26), § 87 Anm. 9; *Simitis-Weiss* (s. Fußn. 32), DB 1973, S. 1240 (1243).

3. Nicht zuletzt soll für die Ausübung des Mitbestimmungs-
rechts genügen, daß der Betriebsrat der Maßnahme des
Arbeitgebers erkennbar, wenn auch nur durch *schlüssiges
Verhalten*, zugestimmt habe[43], obwohl das Schweigen des
Betriebsrats wegen der Vorschriften über die Willensbil-
dung nicht als *Beschluß* gedeutet[44], sondern nur nach den
Grundsätzen der Vertrauenshaftung *zugerechnet* werden
kann[45].

[42] Ausgangspunkt muß sein, daß das Mitbestimmungsrecht nicht deshalb
entfällt, weil es sich um einen Eilfall handelt; ebenso *Dütz* (s. Fußn. 41),
ZfA 1972, S. 247 (264); *Hanau* (s. Fußn. 38), BB 1972, S. 499 (500); *Säcker*
(s. Fußn. 19), ZfA-Sonderheft 1972, S. 41 (60); *Simitis-Weiss* (s. Fußn. 32),
DB 1973, S. 1240 (1243). Der Arbeitgeber ist vielmehr verpflichtet, soweit
die Zeit noch ausreicht, sich um eine Einigung mit dem Betriebsrat zu be-
mühen; kann eine endgültige Regelung nicht erreicht werden, so ist der
Versuch zu unternehmen, wenigstens eine einstweilige gemeinsame Regelung
herbeizuführen. Scheitern die Bemühungen, so kann der Arbeitgeber das
Arbeitsgericht anrufen, um im Rahmen des Beschlußverfahrens eine einstweilige Verfügung zu erwirken (§ 85 Abs. 2 ArbGG). Der Erlaß einer
einstweiligen Verfügung ist nicht deshalb ausgeschlossen, weil primär die
Zuständigkeit der Einigungsstelle gegeben ist und es sich um einen Regelungs-
streit handelt; ebenso *Dütz*, ZfA 1972, S. 41 (265); vgl. auch *Hanau*, BB
1972, S. 499 (501); a. A. aber *Simitis-Weiss*, DB 1973, S. 1240 (1244). Der
Arbeitgeber hat nur dann das Recht, einseitig eine Anordnung zu treffen,
wenn sie im Interesse eines geordneten Betriebsablaufs notwendig ist, bevor
das Arbeitsgericht eine einstweilige Verfügung erlassen kann; ebenso *Dütz*,
ZfA 1972, S. 247 (267); *Hanau*, BB 1972, S. 499 (501). Damit wird aber
deutlich, daß die Zustimmung des Betriebsrats auch dann erforderlich ist,
wenn ein Eilfall vorliegt, und es hier nur um das Problem geht, ob der
Arbeitgeber *betriebsverfassungswidrig* handelt, wenn er eine vorläufige
Regelung trifft, weil sie im Interesse eines geordneten Betriebsablaufs
notwendig ist.
[43] BAGE 12, 117 (122) = AP Nr. 1 zu § 56 BetrVG Arbeitszeit; bestätigt
durch BAG, AP Nr. 4 zu § 56 BetrVG Akkord; vgl. auch BAGE 6, 174
(193) = AP Nr. 4 zu § 611 BGB Akkordlohn.
[44] So bereits RAG, ARS 15, 421; vgl. vor allem *Adomeit* (s. Fußn. 36),
RdA 1963, S. 263 (265 f.); *ders.* (s. Fußn. 36), BB 1967, S. 1003 (1007);
zustimmend *Nikisch*, Bd. III (s. Fußn. 26), S. 372; *R. Dietz*, Probleme des
Mitbestimmungsrechts, 1966, S. 10; *Richardi*, Kollektivgewalt und Individualwille (s. Fußn. 11), S. 285; *ders.*, Festgabe für v. Lübtow (s. Fußn. 32),
S. 755 (774); *W. Blomeyer*, Zur Problematik formloser betrieblicher Einigungen, BB 1969, S. 101 (104).
[45] Vgl. vor allem *C.-W. Canaris*, Die Vertrauenshaftung im deutschen Privatrecht, 1971, S. 264 f.; weiterhin *Dietz-Richardi*, BetrVG (s. Fußn. 9), § 33
Anm. 19 ff.; vgl. auch *R. Dietz*, Anscheinsvollmacht des Betriebsratsvorsitzen-
den RdA 1968, S. 439 (442); *ders.*, § 49 BetrVG und seine Bedeutung für die
Zusammenarbeit im Betrieb, vor allem in bezug auf die Beteiligungsrechte,
RdA 1969, S. 1 ff. Läßt man genügen, daß der Betriebsrat der Maßnahme
des Arbeitgebers erkennbar, wenn auch nur durch schlüssiges Verhalten zugestimmt habe, und will man sogar dann, wenn sich gegen den Vorschlag des
Arbeitgebers kein Widerspruch erhebt, im Schweigen des Betriebsrats dessen

Damit wird für den Arbeitgeber und die betroffenen Arbeitnehmer zum Lotteriespiel, wann eine einzelvertragliche Regelung zwischen ihnen das Mitbestimmungsrecht des Betriebsrats verletzt[46].

2. Mitbestimmung nicht Beseitigung, sondern Unterstützung der individuellen Vertragsfreiheit

Diese Einschränkung der Rechtssicherheit ließe sich nur rechtfertigen, wenn sie dem Mitbestimmungsgedanken förderlich wäre; die Theorie der Wirksamkeitsvoraussetzung hat aber im Gegenteil erreicht, daß die Panzerung mit der Sanktion der Nichtigkeit für den Fall fehlender Zustimmung des Betriebsrats die *Substanz* des Mitbestimmungsrechts beeinträchtigt. Das gilt vor allem, soweit man das Mitbestimmungsrecht auf Kollektivmaßnahmen beschränkt, um einen Individualbereich zu schaffen, der vom Mitbestimmungsrecht des Betriebsrats nicht erfaßt wird. Damit rückt die *Ordnungsfunktion* der Mitbestimmung in den Mittelpunkt der rechtsdogmatischen Betrachtung. Hinter der Theorie der Wirksamkeitsvoraussetzung steht das Modell, daß dem Arbeitgeber im Verhältnis zu den einzelnen Arbeitnehmern nicht nur tatsächlich, sondern auch rechtlich ein einseitiges Bestimmungsrecht für die in § 87 BetrVG genannten Arbeitsbedingungen zustehe[47]. Das Mitbestimmungsrecht des Betriebsrats hat nach diesem Verständnis zur Folge, daß das einseitige Bestimmungsrecht des Arbeitgebers durch eine gleich-

---

Zustimmung sehen, wie das BAG in AP Nr. 4 zu § 56 BetrVG Akkord in einem obiter dictum festgestellt hat, so wird das Mitbestimmungsrecht, das nach dem *positiven Konsensprinzip* gestaltet ist, zu einem *Einspruchsrecht* umgeformt und die Lehre von der notwendigen Mitbestimmung auf den Fall beschränkt, daß der Arbeitgeber eine Maßnahme gegen den Willen des Betriebsrats durchführt; vgl. dazu *Richardi*, Festgabe für v. Lübtow (s. Fußn. 32), S. 755 (773); zustimmend *Simitis-Weiss* (s. Fußn. 32), DB 1973, S. 1240 (1243). Durch die Zurechnung des Schweigens nach den Grundsätzen der Vertrauenshaftung darf deshalb nicht dort, wo das Gesetz die Zustimmung des Betriebsrats verlangt, das positive Konsensprinzip in ein negatives Konsensprinzip, das Zustimmungserfordernis in ein Vetorecht des Betriebsrats umgedeutet werden, worauf bereits *Dietz*, RdA 1969, S. 1 (6) hingewiesen hat. Deshalb kann nur für die Vergangenheit, niemals für die Zukunft von Bedeutung sein, daß der Betriebsrat sich verschweigt.

[46] Vgl. *Richardi* (s. Fußn. 32), DB 1971, S. 621 (627 f.); zustimmend *Simitis-Weiss* (s. Fußn. 32), DB 1973, S. 1240 (1242 Fußn. 19).

[47] Vgl. dazu vor allem *Adomeit*, Rechtsquellenfragen (s. Fußn. 32), S. 143; weiterhin auch *A. Söllner*, Einseitige Leistungsbestimmung im Arbeitsverhältnis, 1966; dazu aber *R. Richardi*, RdA 1970, S. 208 ff.

berechtigte Beteiligung der Betriebspartner ersetzt wird. Ein derartiges Verständnis der Mitbestimmung bedeutet aber, daß die Machtlosigkeit der einzelnen Arbeitnehmer bei der Gestaltung betrieblicher Angelegenheiten *rechtlich befestigt* wird. Die Vermehrung der Mitbestimmungstatbestände, wie sie durch das Betriebsverfassungsgesetz vom 15. Januar 1972 erfolgt ist, würde nach dieser dogmatischen Konzeption die partielle Entmündigung der Arbeitnehmer erweitern, weil sie zu einer Vertretung kraft Gesetzes unter gleichzeitiger Beseitigung der Zuständigkeit der einzelnen Arbeitnehmer führte[48].

Maxime des Betriebsverfassungsrechts ist aber auch die Bestimmung, daß Arbeitgeber und Betriebsrat die freie Entfaltung der Persönlichkeit der im Betrieb beschäftigten Arbeitnehmer zu schützen und zu fördern haben (§ 75 Abs. 2 BetrVG). Zweck der Mitbestimmung ist also, das *Recht zu vernünftiger Selbstbestimmung* zu fördern. Berücksichtigt man in diesem Zusammenhang, daß die dogmatische Rechtsfigur der „Vertretung kraft Gesetzes" auf einem gegensätzlichen Prinzip beruht[49], so muß man folgerichtig zu dem Ergebnis kommen, daß die mit dem dogmatischen Erklärungsversuch verbundene Wertentscheidung nicht dem Gedanken der Mitbestimmung entspricht.

---

[48] Vgl. dazu *Richardi*, Festagabe für v. Lübtow (s. Fußn. 32), S. 755 (779 f. 782 f.); ders. (s. Fußn. 32), DB 1971, S. 621 (628); zustimmend *Schlüter* (s. Fußn. 32), DB 1972, S. 92, 139 (141). Bei dieser Gelegenheit muß mit allem Nachdruck hervorgehoben werden, daß die hier geäußerten Bedenken, die ich bereits l. c. vorgetragen habe, auf eine dogmatische Konzeption zielen, die bei einem Verstoß gegen das Mitbestimmungsrecht nur die Nichtigkeit der Maßnahmen als einzige Sanktionsfolge kennt, sich aber nicht gegen den Ausbau der Mitbestimmung richten, wie *R. Hoffmann* in seinem Pamphlet „Betriebsverfassung und Grundgesetz", AuR 1971, S. 271 (278) behauptet. Vielmehr war es mein Anliegen, darauf hinzuweisen, daß eine verfehlte dogmatische Konzeption der Rechtsfolgenanordnung sich auf die Mitbestimmung einschränkend auswirken kann. Wenn man die Mitbestimmung ausbaut und sie auch auf Entscheidungen erstreckt, die im Vorfeld rechtsgeschäftlicher Maßnahmen getroffen werden, so liegt es nahe, daß auch zum Schutz der betroffenen Arbeitnehmer nicht stets die Nichtigkeit die einzige Rechtsfolge sein kann, wenn der Arbeitgeber den Betriebsrat nicht ordnungsgemäß beteiligt hat. Das ist evident im Bereich der personellen Einzelmaßnahmen, wo beispielsweise eine nicht ordnungsgemäße Unterrichtung bei Einstellung eines Arbeitnehmers dazu führen könnte, daß dieser wegen Verletzung des Mitbestimmungsrechts keinen sozialen Bestandsschutz für sein Arbeitsverhältnis erhält; vgl. dazu ausführlich *Dietz-Richardi*, BetrVG (s. Fußn. 9), § 100 Anm. 55 ff.; *R. Richardi*, Das Widerspruchsrecht des Betriebsrats bei personellen Maßnahmen nach §§ 99, 100 BetrVG, DB 1973, S. 378, 428 (428 ff.).

[49] *W. Müller-Freienfels*, Die Vertretung beim Rechtsgeschäft, 1955, S. 341.

26

Eine dogmatische Konzeption, bei der der Ausbau der Mitbestimmung zu einer Beseitigung der individuellen Vertragsfreiheit führt, macht die Mitbestimmung zu einem Akt der Fremdbestimmung und ist daher nicht mit der Grundkonzeption des Betriebsverfassungsgesetzes vereinbar[50]. Daher ist es verfehlt, § 87 BetrVG generell als Schranke der individuellen Vertragsfreiheit zu deuten, sondern es hängt von der Abgrenzung des Mitbestimmungstatbestandes ab, ob die nicht ordnungsgemäße Beteiligung des Betriebsrats die Nichtigkeit der Maßnahme zur Folge hat oder andere Rechtsfolgen eintreten.

Die hier vorgetragene Konzeption beruht nicht, wie *Franz-Jürgen Säcker* behauptet, „auf idealistischer Verabsolutierung des Selbstbestimmungsprinzips zu einem allgemeinen formalen

---

[50] *Simitis-Weiss* (s. Fußn. 32), DB 1973, S. 1240 (1241 Fußn. 8) stimmen der hier vertretenen Betrachtungsweise insoweit zu, als es sich um die Perspektive des einzelnen Arbeitnehmers handelt. Sie meinen aber, Eigenart und Bedeutung dieser „Fremdbestimmung" lassen sich nur so lange richtig beurteilen, wie man die Position des Arbeitnehmers in Betracht ziehe. Sie stellen fest: „Die zwingende Intervention des Betriebsrats erfolgt ebenso wie die Einschränkung der Entscheidungsmöglichkeiten des Arbeitgebers ausschließlich aus der Überlegung heraus, daß sich nur auf diesem, durch eine kollektive Institution abgesicherten Weg Lösungen ergeben, die vor Übervorteilung und ihren Folgen bewahren." Sie meinen, die „Fremdbestimmung" sei insofern ein bewußt in Kauf genommenes Korrektiv formal existenter, inhaltlich aber fragwürdiger Selbstbestimmung. Diese Kritik wäre zutreffend, wenn es ausschließlich darum ginge, daß an die Stelle der Mitbestimmung die individuelle Vertragsfreiheit träte. Doch ist dies nicht das Problem, dessen Lösung im Meinungsstreit steht. Es geht vielmehr ausschließlich um die Frage, welchem Zweck die Mitbestimmung dient. Wer die Mitbestimmung primär nicht als Schranke der individuellen Vertragsfreiheit deutet, kommt damit noch keineswegs zu dem Ergebnis, daß die Vertragsfreiheit als Instrument eingesetzt werden kann, um den Betriebsrat in mitbestimmungspflichtigen Angelegenheiten auszuschalten. Es geht vielmehr darum, daß nach geltendem Recht auch die arbeitsvertragliche Abrede zu den Gestaltungsfaktoren für den Inhalt eines Arbeitsverhältnisses gehört und nicht die Tatsache allein, daß ihr Gegenstand sich auf mitbestimmungspflichtige Angelegenheiten bezieht, bereits ausreicht, um ihre Nichtigkeit anzunehmen.

Beachtenswert ist in diesem Zusammenhang, daß die hier angenommene Wertentscheidung weitgehend auch von denjenigen geteilt wird, die in der Mitbestimmung eine Wirksamkeitsvoraussetzung sehen. Beispielsweise will *Rüthers*, Betriebsverfassungsrechtliches Mitbestimmungsrecht und Individualbereich (s. Fußn. 32), S. 35, die Einschränkung der Vertragsfreiheit der Arbeitnehmer nur dann als zulässig ansehen, wenn und soweit der durch die Ausübung des Mitbestimmungsrechts verfolgte Ordnungszweck das Interesse des einzelnen Arbeitnehmers überwiegt. Wer wie hier grundsätzliche Bedenken dagegen hat, die Ordnungsfunktion der Mitbestimmung in den Mittelpunkt der rechtsdogmatischen Betrachtung zu rücken, wird daher umso eher geneigt sein, die Mitbestimmung auch im Prinzip nicht als Beschränkung der individuellen Vertragsfreiheit anzusehen.

Ordnungsprinzip, dessen uneingeschränkte Geltung selbst dann noch gefordert wird, wenn es in der Realität allein dazu dient, das einseitige Diktat der Arbeitsbedingungen durch den Arbeitgeber zu legitimieren"[51]. Sie ist auch nicht, wie er meint, eine restriktive Interpretation der sich aus dem Gesetz ergebenden Mitbestimmungsrechte, sondern im Gegenteil schafft sie die Voraussetzung dafür, das Mitbestimmungsrecht auch dort anzuerkennen, wo es vom Standpunkt der herrschenden Lehre aus nicht bestehen soll, um die Nichtigkeitsfolgen in erträglichen Grenzen zu halten. Ein Mitbestimmungsrecht, das funktional den Zweck verfolgt, im Rahmen des Betriebsziels die größtmögliche persönliche Entfaltungsfreiheit des Arbeitnehmers zu schützen und zu fördern, kann auch instrumental nicht so eingesetzt werden, daß das Recht zu persönlicher Selbstbestimmung beseitigt wird, sondern hat im Gegenteil dem Zweck zu dienen, die Privatautonomie zu entfalten, um überall dort zu einem Ausgleich der Interessen zwischen Arbeitgeber und Arbeitnehmer beizutragen, wo dem Arbeitgeber das Alleinbestimmungsrecht zufällt.

Das Gebot, den Betriebsrat zu beteiligen, richtet sich nicht an die Arbeitnehmer, sondern an den Arbeitgeber. Deshalb ist es unzulässig, daß der Arbeitgeber sich über das Mitbestimmungsrecht des Betriebsrats hinwegsetzt und mit den einzelnen Angehörigen der Belegschaft oder einer Gruppe Einzelvereinbarungen abschließt. Der Arbeitgeber kann nicht dem Einigungszwang auf betrieblicher Ebene durch Rückgriff auf die arbeitsvertragliche Gestaltungsmöglichkeit ausweichen. Geschieht es dennoch, so ist dann in der Tat der Vertrag nur die Form für das einseitige Diktat des Arbeitgebers. Die arbeitsvertragliche Einzelvereinbarung ist deshalb insoweit unwirksam, als durch sie Einzelansprüche der Arbeitnehmer vereitelt oder geschmälert werden[52]. Dagegen ist nicht einzusehen, weshalb eine vom Arbeitnehmer angetragene Vereinbarung bargeldloser Entlohnung nur deshalb unwirksam ist, weil hier nach § 87 Abs. 1 Nr. 4 BetrVG ein Mitbestimmungsrecht des Betriebsrats besteht und

[51] *Säcker*, Gruppenautonomie und Übermachtkontrolle (s. Fußn. 4), S. 352; *ders.*, Die Rechtsprechung des Bundesarbeitsgerichts im Jahre 1969, JurA 1970, S. 165 (172); *ders.* (s. (Fußn. 19), ZfA-Sonderheft 1972, S. 41 (57); ähnlich *Simitis-Weiss* (s. Fußn. 32), DB 1973, S. 1240 (1241 Fußn. 8).
[52] Vgl. auch BAG, AP Nr. 6 und 26 zu § 56 BetrVG.

men einer arbeitsteiligen Organisation zu erbringen, um ihren Lebensunterhalt zu verdienen[56]. Wer nach der Eigentumsordnung die Verfügungsgewalt über die Produktionsmittel hat, erhält im Verhältnis zu den anderen, die lediglich ihre Arbeitskraft anzubieten vermögen, eine Machtposition. Dieses Dilemma hat schon *Johann Gottlieb Fichte* in seinem Werk „Grundlage des Naturrechts nach Principien der Wissenschaftslehre" aus dem Jahre 1796 zur Ausbildung eines *Rechts auf Arbeit* veranlaßt[57]. Grundsatz jeder vernünftigen Staatsverfassung sei: Jedermann soll von seiner Arbeit leben können. Soweit jemand von seiner Arbeit nicht leben könne, sei der Vertrag aller mit allen, auf den das Eigentumsrecht sich gründe, für ihn völlig aufgehoben, und er sei von diesem Augenblicke an nicht mehr rechtlich verbunden, irgendeines Menschen Eigentum anzuerkennen.

Ob ein Recht auf Arbeit in einer freiheitlichen Gesellschaftsordnung Rechtsqualität erlangen kann, ist immer wieder bezweifelt worden, und auch die entsprechenden Bestimmungen in den Länderverfassungen, die ein Recht auf Arbeit enthalten, werden lediglich als Programmsatz gedeutet[58]. Ein Recht auf

---

[56] Vgl. dazu auch die Feststellung in den Materialien zum Bericht zur Lage der Nation 1972 *(Rüthers)*, daß in der Bundesrepublik Deutschland rund 81 Prozent der Erwerbstätigen Arbeitnehmer sind, während in der DDR rund 84 Prozent der Erwerbstätigen nicht als Selbständige oder Genossenschaftsmitglieder tätig sind, BT-Drucksache VI/3080, S. 144 = BRD — DDR, Systemvergleich 2: Recht, herausgegeben vom Bundesministerium für innerdeutsche Beziehungen, S. 166; vgl. auch *Rüthers,* Arbeitsrecht und politisches System (s. Fußn. 16), S. 16.

[57] *Johann Gottlieb Fichte's* sämmtliche Werke, herausgegeben von J. H. Fichte, Bd. III, Berlin 1845 (Photomechanischer Nachdruck 1962), S. 212 f.

[58] So zu Art. 166 Abs. 2 der Bayerischen Verfassung Bayerischer Verfassungsgerichtshof, AP Nr. 2 zu Art. 166 Bayer. Verfassung; vgl. auch LAG Bayern, AP Nr. 1 zu § 611 BGB Beschäftigungspflicht.

Vgl. aus der nicht mehr übersehbaren Literatur zum Recht auf Arbeit: *Georg Adler,* Recht auf Arbeit, Handwörterbuch der Staatswissenschaften, Bd. VI, 2. Aufl., Jena 1901, S. 341 ff.; *ders.* zusammen mit *G. Mayer,* Handwörterbuch der Staatswissenschaften, Bd. VII, 3. Aufl., Jena 1911, S. 46 ff.; *M. Bentele,* Das Recht auf Arbeit in rechtsdogmatischer und ideengeschichtlicher Betrachtung, Diss. Zürich, 1949; *L. Blanc,* Das Recht auf Arbeit. Eine Erwiderung an Thiers, in: Louis Blanc und Thiers über die soziale Frage, Breslau 1849, S. 41 ff.; *Th. Brauer,* Das Recht auf Arbeit, Jena 1919; *ders.,* Recht auf Arbeit, Handwörterbuch der Staatswissenschaften, Bd. VI, 4. Aufl., Jena 1925, S. 1202 ff.; *M. Cottier,* Die arbeitsrechtlichen Bestimmungen der europäischen Sozialcharta, Kamp-Lintfort 1967, insbes. S. 90 ff.; *K. Dierschmied,* Das soziale Grundrecht „Recht auf Arbeit", AuR 1972, S. 257 ff.; *A. Drexler,* Das Recht auf Arbeit und die Arbeiterversicherung, Basel 1894;

Arbeit, das einen Anspruch gibt, setzt nämlich voraus, daß jemand verpflichtet ist, ihn zu erfüllen. Primär kommt als Anspruchsgegner nur der Staat in Betracht, der zwar, wie es geschieht, eine Arbeitsvermittlung durchführen kann und für den

---

Johann G. Fichte, Grundlagen des Naturrechts nach Principien der Wissenschaftslehre, I. und II. Teil, Jena und Leipzig 1796/97; *ders.*, Der geschlossene Handelsstaat, Jena 1800; *Ch. Fourier*, Théorie de l'Unité universelle, Paris 1822; *W. Franke*, Das Recht auf Arbeit und das Recht auf Beschäftigung, Neue Zeitschrift für Arbeitsrecht 1924, Sp. 547 ff.; *C. Grünberg*, Recht auf Arbeit, Wörterbuch der Volkswirtschaft, Bd. II, Jena 1898, S. 404 ff.; *L. Hambusch*, Die Problematik des Rechts auf Arbeit, AuR 1972, S. 262 ff.; *Friedrich J. Haun*, Das Recht auf Arbeit, Berlin 1889; *J. W. Hedemann*, Das Recht auf Arbeit als allgemeines Menschenrecht, in: Festschrift für Gustav Boehmer, Bonn 1954, S. 51 ff.; *H. Hertz*, Arbeitsscheu und Recht auf Arbeit. Kritische Beiträge zur österreichischen Straf- und Sozialgesetzgebung, Leipzig und Wien 1902; *W. Hug*, Die Initiativen „Recht auf Arbeit" und „Wirtschaftsreform und Rechte der Arbeit", Gewerbliches Jahrbuch, Bern 1943, S. 96 ff.; *R. Joerges*, Das Recht auf Arbeit, Deutsches Arbeitsrecht 1936, S. 161 ff.; *K. Kautsky*, Das Recht auf Arbeit, Neue Zeit 1884, S. 299 ff.; *F. Kunz*, Das Recht auf Arbeit, Berlin (Ost) 1955; *Walther A. Malachowski*, Recht auf Arbeit und Arbeitspflicht, Jena 1922; *K. Marlo* (Pseudonym für Winkelblech), Untersuchungen über die Organisation der Arbeit oder System der Weltökonomie, Bd. I—IV, 2. Aufl., Tübingen 1884—86; *A. Menger*, Das Recht auf den vollen Arbeitsertrag in geschichtlicher Darstellung, 2. Aufl., Stuttgart 1891; *E. Molitor*, Das Recht auf Arbeit, in: Deutsche Landesreferate zum III. Internationalen Kongreß für Rechtsvergleichung in London 1950, Berlin und Tübingen 1950, S. 729 ff.; *H. Monjau*, Recht auf Arbeit, Handwörterbuch der Sozialwissenschaften, Bd. 8, Stuttgart, Tübingen und Göttingen 1964, S. 742 ff.; *Ch. Mutafoff*, Zur Geschichte des Rechts auf Arbeit, Bern 1897; *W. Neurath*, Das Recht auf Arbeit und Das Sittliche in der Volkswirtschaft, Wien 1886; *A. Nikisch*, Arbeitsrecht, Bd. I, 3. Aufl., Tübingen 1961, S. 43 ff.; *B. A. Noll*, Das Recht auf Arbeit, Stimmen der Zeit Bd. 74, 1949, S. 343 ff.; *K. J. Partsch*, Internationale Grundrechte der Arbeit, RdA 1951, S. 361 ff.; *Heide M. Pfarr*, Zur Problematik des Rechts auf Arbeit, Demokratie und Recht 1973, S. 124 ff.; *B. Prochownik*, Das angebliche Recht auf Arbeit, Berlin 1891; *P. J. Proudhon*, Das Recht auf Arbeit, das Eigenthumsrecht und die Lösung der sozialen Frage, Leipzig 1849; *N. Reichesberg*, Recht auf Arbeit, Bern 1907; *E. Salin*, Von der Sozialpolitik zum Recht auf Arbeit, in: Festgabe für Fritz Mangold, Basel 1941, S. 257 ff.; *L. Schnorr v. Carolsfeld*, Arbeitsrecht, 2. Aufl., Göttingen 1954, S. 17 ff.; *Schulgen*, Das Recht auf Arbeit, Diss. Aachen 1948; *Schwernik*, Der Sozialismus und das Recht auf Arbeit. Schriftenreihe zur Verfassung der Sowjetunion, Moskau 1936; *R. Singer*, Das Recht auf Arbeit in geschichtlicher Darstellung, Jena 1895; *A. Stein*, Das Recht auf Arbeit als Grundrecht, Diss. Mainz 1959; *A. Thiers*, Rede in der National-Versammlung am 13. September 1848, in: Louis Blanc und Thiers über die soziale Frage, Breslau 1849, S. 7 ff.; *Th. Tomandl*, Der Einbau sozialer Grundrechte in das positive Recht, Recht und Staat, Heft 337/38, Tübingen 1967; *A. F. Utz*, Das Recht auf Arbeit, ARSP Bd. 38, 1949/50, S. 350 ff.; *F. van der Ven*, Soziale Grundrechte, 1963; *B. Weller*, Arbeitslosigkeit und Arbeitsrecht, Stuttgart 1969, insbes. S. 118 ff.; *H. Widlak*, Der rationelle Einsatz des gesellschaftlichen Arbeitsvermögens und das Grundrecht auf Arbeit, StuR 1972, S. 1656 ff.

Fall der Arbeitslosigkeit Arbeitslosengeld und Arbeitslosenhilfe
zu gewähren hat, aber nicht jedem Arbeit geben kann, solange
eine freiheitliche Marktwirtschaft besteht. Von marxistischer
Seite wird deshalb die These aufgestellt, daß ein Recht auf
Arbeit der kapitalistischen Produktionsweise widerspricht[59].
Das Recht auf Arbeit erscheint als Verfassungselement in
Gesellschaftsordnungen, die ein sozialistisches Wirtschaftssystem
haben. Es wird ausdrücklich in der Verfassung der DDR vom
6. April 1968 genannt. Art. 24 Abs. 1 Satz 1 und 2 lautet:

> Jeder Bürger der Deutschen Demokratischen Republik hat
> das Recht auf Arbeit. Er hat das Recht auf einen Arbeitsplatz
> und dessen freie Wahl entsprechend den gesellschaftlichen
> Erfordernissen und der persönlichen Qualifikation.

Das Recht auf einen Arbeitsplatz und dessen freie Wahl wird
also nur „entsprechend den gesellschaftlichen Erfordernissen und
der persönlichen Qualifikation" des Werktätigen gewährleistet.
Nach dem Grundrechtsverständnis in der DDR gibt dieses Recht
auf Arbeit keinen klagbaren Anspruch gegenüber dem Staat[60].
Andererseits ist für die Bundesrepublik Deutschland zu berücksichtigen, daß zwar das Grundgesetz keine ausdrückliche Anerkennung des Rechts auf Arbeit enthält, aber in der Europäischen
Sozialcharta die Verpflichtung übernommen wurde, die wirksame Ausübung des Rechts auf Arbeit zu gewährleisten[61]. Dabei
verdient Interesse, daß Teil II Art. 1 ESC nicht schlechthin von
einer Gewährleistung des Rechts auf Arbeit spricht, sondern sich

---

[59] Vgl. *K. Kautsky* (s. Fußn. 58), Neue Zeit Bd. 2, 1884, S. 299 ff., insbes.
S. 302; neuerdings sehr dezidiert *Heide M. Pfarr* (s. Fußn. 58), Demokratie
und Recht 1973, S. 124 (132 ff.): Das Recht auf Arbeit sei in einem kapitalistischen System nicht zu verwirklichen. Dabei bleibt aber unberücksichtigt, daß
ein Recht auf Arbeit in seiner privatrechtlichen Dimension bisher nicht er-
örtert wurde; vgl. dazu auch *E. Migsch*, Die absolut geschützte Rechtsstellung
des Arbeitnehmers, 1972, S. 116 ff.
[60] Vgl. *Rüthers*, Arbeitsrecht und politisches System (s. Fußn. 16), S. 32 f.;
Heide M. Pfarr (s. Fußn. 58), Demokratie und Recht 1973, S. 124 (126).
[61] Dabei spielt keine Rolle, wie man zu dem Streit Stellung nimmt, ob die
Europäische Sozialcharta innerstaatliches, von den deutschen Gerichten anzu-
wendendes Recht enthält; verneinend *W. Wengler*, Die Unanwendbarkeit der
Europäischen Sozialcharta im Staat, 1969; zustimmend *Nipperdey-Säcker*
bei Hueck-Nipperdey, Lehrbuch des Arbeitsrechts, Bd. II/2, 7. Aufl., 1970,
S. 922 ff.; a. A. *H. G. Isele*, Die Europäische Sozialcharta, 1967; *A. Söllner*,
Arbeitsrecht, 3. Aufl., 1973, S. 78; *W. Däubler*, Der Streik im öffentlichen
Dienst, 2. Aufl., 1971, S. 177 ff.; *Th. Ramm*, Das Koalitions- und Streikrecht
der Beamten, 1970, S. 25 ff.; vgl. auch *H. Zacher*, Diskussionsbeitrag zu dem
Thema „Grundrechte im Leistungsstaat", Veröffentlichungen der Vereinigung
der Deutschen Staatsrechtslehrer, Heft 30, 1972, S. 153.

der Technik bedient, bestimmte *Elemente* zu nennen, um dadurch die wirksame Ausübung des Rechts auf Arbeit zu gewährleisten, nämlich die Vollbeschäftigung als verpflichtendes Ziel staatlicher Gesellschaftspolitik, ein wirksamer Schutz des Rechtes des Arbeitnehmers, seinen Lebensunterhalt durch eine frei übernommene Tätigkeit zu verdienen, die Einrichtung und Aufrechterhaltung unentgeltlicher Arbeitsvermittlungsdienste für alle Arbeitnehmer und die Sicherstellung und Förderung einer geeigneten Berufsberatung, Berufsausbildung und beruflichen Wiedereingliederung.

Das Recht auf Arbeit kann daher nicht ein *subjektives Recht* sein, wie es am Modell des Eigentums entwickelt wurde, sondern es umschreibt einen gesellschaftsordnenden Auftrag. Dabei ist vor allem die Verpflichtung von Bedeutung, „das Recht des Arbeitnehmers wirksam zu schützen, seinen Lebensunterhalt durch eine frei übernommene Tätigkeit zu verdienen" (Teil II Art. 1 Nr. 2 ESC). Unabhängig davon, wie man zu einer Drittwirkung der Grundrechte im Privatrecht steht, liegt hierin der notwendige Ordnungsauftrag, der das Grundrecht der Berufsfreiheit in Art. 12 GG mit Substanz erfüllt[62]. Der Beruf ist in der von Konzentration und Rationalisierung geprägten Industriegesellschaft der *Arbeitsplatz*, den jemand erlangen kann oder von dem er ausgeschlossen wird. Einschneidender als die

---

[62] Diese normative Verbindung ist für die Arbeitsverfassung der Bundesrepublik Deutschland von grundlegender Bedeutung. Das wird vor allem deutlich, wenn man das Modell eines Rechts auf Arbeit nach dem Grundgesetz mit der These von *Heide M. Pfarr*, Demokratie und Recht 1973, S. 124 (128) konfrontiert, aus sozialistischer Sicht sei die freie Wahl des Arbeitsplatzes kein notwendiger Bestandteil des Rechts auf Arbeit. Zwar garantiert Art. 24 der Verfassung der DDR die freie Wahl des Arbeitsplatzes, doch wird dieses Recht nur „entsprechend den gesellschaftlichen Erfordernissen und der persönlichen Qualifikation" gewährleistet. Diese Schranke erscheint zwar selbstverständlich, aber für eine rechtliche Betrachtung kommt es auf den Stellenwert der normativen Wertentscheidung an. Daher ist entscheidend, daß die freie Wahl des Arbeitsplatzes nach dem Grundrechtsverständnis der DDR nicht als individuelle Rechtsposition gewährleistet wird; entsprechend sozialistischer Doktrin ist vielmehr Voraussetzung für die Selbstbestimmung in der und durch die Arbeit, daß die Bedürfnisse des einzelnen zur Entfaltung seiner individuellen Fähigkeiten mit den gesellschaftlichen Bedürfnissen grundsätzlich übereinstimmen. Daher wird nicht als normative Wertentscheidung, sondern als eine Folge nicht ausreichend entwickelter Planungs- und Leitungsmechanismen angesehen, daß die freie Wahl des Arbeitsplatzes zum Recht auf Arbeit gehöre; es sei „denkbar, daß der rationelle und planmäßige Einsatz von Arbeitskräften durch die Zuweisung bestimmter Arbeitsplätze gesichert werden kann" (so *Pfarr*, a. a. O., S. 128).

staatlichen Zulassungsvoraussetzungen wirken daher die personalpolitischen Maßnahmen der Unternehmen, ob und unter welchen Voraussetzungen jemand einen Arbeitsplatz erhalten kann. Zwar bedeutet es eine erhebliche Milderung der Abhängigkeit, daß in einer freiheitlichen Gesellschafts- und Wirtschaftsordnung auch der Arbeitnehmer das Recht hat, unter mehreren Arbeitgebern auszuwählen. Dieser Freiheitsraum findet aber dort seine Grenze, wo eine hochspezialisierte Arbeitsteilung die Konkurrenz mehrerer Arbeitgeber ausschließt.

2. Die Hilfsfunktion der Mitbestimmung für ein Recht auf Arbeit

Berücksichtigt man diese Zusammenhänge, so wird es verständlich, daß das Betriebsverfassungsgesetz vom 15. Januar 1972 die Beteiligung des Betriebsrats vor allem im personellen Bereich wesentlich erweitert hat und bereits die *Personalplanung* als einen Mitbestimmungstatbestand zu erfassen versucht. Der Arbeitgeber hat den Betriebsrat über die Personalplanung, insbesondere über den gegenwärtigen und künftigen Personalbedarf sowie über die sich daraus ergebenden personellen Maßnahmen und Maßnahmen der Berufsbildung zu unterrichten (§ 92 BetrVG). Dieses allgemeine Informationsrecht wird durch Mitwirkungs- und Mitbestimmungsrechte ergänzt, durch die der Betriebsrat an bestimmten personalpolitischen Entscheidungen beteiligt wird. Dabei liegt dem Gesetz erkennbar der Gedanke zugrunde, daß die Beteiligung des Betriebsrats sich in dem Umfang vermehrt und in dem Grad verstärkt, wie die Personalplanung unmittelbar die *Auswahlentscheidung* bestimmt. Von Bedeutung ist vor allem, daß der Betriebsrat verlangen kann, daß Arbeitsplätze, die besetzt werden sollen, allgemein oder für bestimmte Arten von Tätigkeiten vor ihrer Besetzung innerhalb des Betriebs ausgeschrieben werden (§ 93 BetrVG), daß Personalfragebogen, persönliche Angaben in sog. Formularverträgen und die Aufstellung allgemeiner Beurteilungsgrundsätze seiner Zustimmung bedürfen (§ 94 BetrVG) und daß Auswahlrichtlinien bei Einstellungen, Versetzungen, Umgruppierungen und Kündigungen ebenfalls seiner Zustimmung bedürfen, wobei in Betrieben mit mehr als tausend Arbeitnehmern sogar ein Initiativrecht besteht, so daß der

Betriebsrat hier die Aufstellung von Auswahlrichtlinien über die bei einer personellen Maßnahme zu beachtenden fachlichen und persönlichen Voraussetzungen und sozialen Gesichtspunkte verlangen kann (§ 95 BetrVG). Diese besonders strukturierten Mitwirkungs- und Mitbestimmungsrechte erstrecken sich aber niemals auf die *Zieldimension* der Personalpolitik, enthalten also schon um deswillen keinen Eingriff in die unternehmerische Handlungsfreiheit, sondern sie beziehen sich nur auf die *personalpolitischen Instrumente*, die für das Zielergebnis der Personalplanung eingesetzt werden sollen.

Für die Gewährleistung der Abschlußfreiheit kommt dabei vor allem dem Mitbestimmungsrecht bei der *Gestaltung des Personalfragebogens* und der *Formularverträge* grundlegende Bedeutung zu. Das Gesetz beschränkt sich zwar lediglich auf die Anordnung, daß Personalfragebogen der Zustimmung des Betriebsrats bedürfen, ohne festzulegen, unter welchen Voraussetzungen er sie zu erteilen hat. Daraus folgt aber keineswegs, daß es im Belieben des Betriebsrats steht, ob er zustimmt oder nicht. Insbesondere kann er nicht verhindern, daß der Arbeitgeber Personalfragebogen einführt. Er kann lediglich der Einführung eines bestimmten Personalfragebogens widersprechen, also verhindern, daß der Personalfragebogen den vom Arbeitgeber gewünschten Inhalt erhält. Sein Mitbestimmungsrecht bezieht sich ausschließlich auf den *Inhalt des Personalfragebogens*; denn nur wenn über ihn keine Einigung zustande kommt, kann die Einigungsstelle angerufen werden, um im Rahmen der Zwangsschlichtung die fehlende Einigung zwischen Arbeitgeber und Betriebsrat zu ersetzen (§ 94 Abs. 1 Satz 2 und 3 BetrVG). Maßgebend für den Inhalt des Mitbestimmungsrechts ist hier vor allem der Zweck, den der Gesetzgeber mit der Beteiligung des Betriebsrats bei der Aufstellung von Personalfragebogen verfolgt. Durch sie soll gewährleistet werden, daß der Arbeitgeber nicht nach persönlichen Verhältnissen fragt, die bei objektiver Betrachtung für den Arbeitsplatz und die berufliche Entwicklungsmöglichkeit im Betrieb keine Bedeutung haben. Das Mitbestimmungsrecht des Betriebsrats dient daher insbesondere dem Schutz der *Persönlichkeitssphäre* der Arbeitnehmer[63]. Es er-

---

[63] Vgl. auch *Fitting-Auffarth*, BetrVG (s. Fußn. 26), § 94 Anm. 1; *Erdmann-Jürging-Kammann*, BetrVG (s. Fußn. 7), § 94 Anm. 1; *Gnade-Kehrmann-Schneider*, BetrVG (s. Fußn. 26), § 94 Anm. 3.

schöpft sich aber nicht allein in diesem Zweck, sondern ist ein wichtiges Instrumentarium, um über die Begrenzung des Fragerechts zu verhindern, daß der Arbeitgeber seine Auswahlentscheidung bei der Besetzung des Arbeitsplatzes von Umständen abhängig macht, die bei objektiver Betrachtung für den Arbeitsplatz keine Bedeutung haben. Damit liefert das Mitbestimmungsrecht einen Baustein für den Ausbau des *Rechts auf Arbeit*[8].

3. Die Begrenzung des Fragerechts als Voraussetzung für die Anerkennung eines Rechts auf Arbeit im Rahmen der Privatautonomie

Die Abschlußfreiheit wird dadurch nicht eingeschränkt, wie es scheinen mag, sondern sie wird für den Arbeitnehmer dadurch sogar erst *materialisiert*. Daß es sich dabei um ein Problem der Privatautonomie handelt, zeigt die Regelung der Irrtumsanfechtung. Die Rechtsordnung läßt nicht jeden beliebigen Irrtum genügen, um mit ihm die Anfechtung einer Willenserklärung zu begründen, sondern abgesehen von den Fällen, daß der Irrtum in einem Auseinanderfallen von Wille und Erklärung besteht, dem Inhalts- und Erklärungsirrtum, ist zur Anfechtung nur berechtigt, wer bei Abgabe einer Willenserklärung über solche Eigenschaften der Person oder der Sache, die im Verkehr als wesentlich angesehen werden, im Irrtum war, wenn anzunehmen ist, daß er die Willenserklärung bei Kenntnis der Sachlage und bei verständiger Würdigung des Falles nicht abgegeben haben würde. Stellt ein Arbeitgeber einen Arbeitnehmer ein, ohne von dessen Vorstrafen Kenntnis zu haben, so ist er also zur Anfechtung des Arbeitsvertrags nur berechtigt, wenn dem Arbeitnehmer wegen der Vorstrafe die nötige Eignung und Zuverlässigkeit für den übernommenen Arbeitsplatz fehlt, also ein Kassier auf vermögensrechtlichem Gebiet, die Schreibkraft im Verfassungsschutzamt wegen verfassungswidriger Betätigung vorbestraft ist[65].

---

[64] Vgl. dazu grundlegend im Ansatz des rechtsdogmatischen Erklärungsversuches *D. Leipold*, Einstellungsfragebögen und das Recht auf Arbeit, AuR 1971, S. 161 ff.

[65] Vgl. *A. Hueck* bei Hueck-Nipperdey, Lehrbuch des Arbeitsrechts, Bd. I, 7. Aufl., 1963, S. 193; *Soergel-Hefermehl*, BGB, 10. Aufl., 1967, § 119 Anm. 37; *Th. Ramm*, Die Anfechtung des Arbeitsvertrages, 1955, S. 61.

Hat der Arbeitgeber dagegen nach Vorstrafen gefragt und der Arbeitnehmer wahrheitsgemäß geantwortet, so liegt im *rechtsfreien Raum*, ob der Arbeitgeber durch die Kenntnis von Vorstrafen, die für den in Aussicht genommenen Arbeitsplatz keinen Rückschluß auf mangelnde Eignung oder fehlende Zuverlässigkeit zulassen, *motiviert* wird, den Arbeitnehmer dennoch nicht einzustellen; denn es gibt keinen Kontrahierungszwang, so daß nicht der Rechtskontrolle unterliegt, aus welchen Gründen davon abgesehen wird, jemand als Arbeitnehmer einzustellen. Der Bewerber um einen Arbeitsplatz kann diese für ihn unerwünschte Wirkung nur ausschließen, wenn er den Arbeitgeber belügt. Zwar kommt dann eine Anfechtung wegen arglistiger Täuschung nach § 123 BGB in Betracht. Doch stellt, wie das Bundesarbeitsgericht erkannt hat, die wahrheitswidrige Beantwortung einer Frage keine Arglist dar, wenn es sich um eine indiskrete Befragung handelt, die als Einbruch in die rechtlich zu schützende Individualsphäre des Arbeitnehmers unzulässig ist[66]. Deshalb darf nach Vorstrafen nicht uneingeschränkt gefragt werden, sondern nur, soweit sie für den zu besetzenden Arbeitsplatz von Bedeutung sind[67]. Wird aber gleichwohl gefragt, so setzt die Rechtsordnung nur für den die Prämie aus, der zum Mittel der Lüge greift, um zu seinem Recht zu kommen. Die Liebe zur Wahrheit schadet.

Bei wahrheitswidriger Beantwortung einer zulässigerweise gestellten Frage nach der Schwangerschaft hat dagegen das Bundesarbeitsgericht angenommen, daß darin eine arglistige Täuschung des Arbeitgebers liege, die ihm nach § 123 BGB das Recht gebe, den Arbeitsvertrag wegen arglistiger Täuschung anzufechten[68]. Jedoch berechtigt auch hier die bloße Unkenntnis von der Schwangerschaft den Arbeitgeber nicht zur Anfechtung des Arbeitsvertrags, sondern wegen der inhaltlichen Begrenzung des Anfechtungsgrunds in § 119 Abs. 2 BGB kann der Arbeitsvertrag nur angefochten werden, wenn die vertraglich übernommene Tätigkeit wegen der Schwangerschaft nicht ausgeübt werden kann, z. B. die Tätigkeit einer Tänzerin, Sportlehrerin oder eines Mannequins[69]. Mit der Zulassung einer in angemessener

---

[66] BAGE 5, 159 (163) = AP Nr. 2 zu § 123 BGB.
[67] BAGE 5, 159 (164) = AP Nr. 2 zu § 123 BGB.
[68] BAGE 11, 270 (273) = AP Nr. 15 zu § 123 BGB.
[69] BAGE 11, 270 (272 f.) = AP Nr. 15 zu § 123 BGB.

Form gestellten Frage nach dem Bestehen einer Schwangerschaft, und zwar ohne Rücksicht darauf, welchen Arbeitsplatz die Bewerberin einnehmen soll, wird aber die Begrenzung des Anfechtungsrechts beiseite geschoben[70]. Das Bundesarbeitsgericht hat dadurch zwar vermieden, daß für die Lüge eine Prämie ausgesetzt wird, aber das Ergebnis widerspricht der sozialen Zielsetzung des Mutterschutzgesetzes. Berücksichtigt man, daß auch im Rahmen von § 119 Abs. 2 BGB nicht der Mangel einer verkehrswesentlichen Eigenschaft, sondern der Zweck des Mutterschutzgesetzes es ist, der bei einer Schwangerschaft die Anfechtungsmöglichkeit ausschließt, so kann im Rahmen von § 123 BGB nichts anderes gelten. Nur wenn die Eigenart des Arbeitsverhältnisses, der übernommene Arbeitsplatz oder die Dauer des Arbeitsverhältnisses es rechtfertigt, sich nach einer Schwangerschaft der Arbeitnehmerin zu erkundigen, wird man eine Offenbarungspflicht der Arbeitnehmerin auf Fragen des Arbeitgebers anerkennen können.

Das Mitbestimmungsrecht des Betriebsrats bei der Gestaltung des Personalfragebogens und der Formularverträge kann deshalb verhindern, daß beliebige Fragen gestellt werden, deren wahrheitsgemäße Beantwortung dem Arbeitgeber die Möglichkeit zu einer *willkürlichen Auswahlentscheidung* gibt. Was die Begrenzung der Irrtumsanfechtung *negativ* sichert, kann hier also *positiv* erzwungen werden, indem die Kenntnis von Umständen, die für den zu besetzenden Arbeitsplatz keine Bedeutung haben sollen, außerhalb des Entscheidungshorizonts bleibt.

4. Mitbestimmung und Auswahl des Arbeitnehmers

Ein Mitbestimmungsrecht von besonderer Brisanz enthält § 95 BetrVG, wenn dort festgelegt wird, daß Richtlinien über die personelle Auswahl bei Einstellungen, Versetzungen, Umgruppierungen und Kündigungen der Zustimmung des Betriebsrats bedürfen (§ 95 Abs. 1 BetrVG). Zu den Auswahlrichtlinien gehören die Festlegung der *materiellen Merkmale* für die Auswahl einer Person bei Einstellung, Versetzung, Umgruppierung und Kündigung sowie die *Verfahren*, die für die Feststellung dieser Auswahlkriterien maßgebend sein sollen. Zweck der Mit-

---

[70] Vgl. auch *A. Nikisch*, Arbeitsrecht, Bd. I, 3. Aufl., 1961, S. 815; *G. A. Bulla* unter Mitwirkung von *W. Hackbeil*, MuSchG, 3. Aufl., 1968, § 5 Anm. 17; *Th. Ramm*, Irrtum und arglistige Täuschung als Gründe der Anfechtung des Arbeitsvertrags, AuR 1963, S. 161 (174 ff.).

bestimmung ist auch hier das *Recht auf Arbeit:* Es soll ver-
hindert werden, daß die Auswahl von Kriterien abhängig ge-
macht wird, die mit der Arbeitsleistung und der persönlichen
Eignung für bestimmte Aufgaben im Betrieb nicht zusammen-
hängen, und daß bei ihr soziale Gesichtspunkte nicht oder nicht
ausreichend berücksichtigt werden. Deshalb hat der Betriebsrat
in Betrieben mit mehr als tausend Arbeitnehmern sogar ein
Initiativrecht zur Aufstellung von Auswahlrichtlinien (§ 95
Abs. 2 BetrVG).

Das Mitbestimmungsrecht des Betriebsrats ist also ein notwendiges Instrumentarium, um Abhängigkeiten zu begrenzen
und damit für das Recht auf Arbeit eine materielle Grundlage
zu schaffen, die ihrerseits eine Funktionsvoraussetzung für die
Privatautonomie im Bereich der abhängigen Arbeit darstellt.
Die gesetzliche Regelung ist aber nicht so gestaltet, daß sie
diesen Zweck gewährleistet. Nach dem Gesetzeswortlaut in § 95
Abs. 2 BetrVG bezieht sich die Mitbestimmung auf die fachlichen und persönlichen Voraussetzungen und sozialen Gesichtspunkte, die für die Auswahl bei Einstellungen, Versetzungen,
Umgruppierungen und Kündigungen zu beachten sind. Da es
sich um sehr verschiedene Personalmaßnahmen handelt, haben
auch die Auswahlrichtlinien in diesen Fällen unterschiedliche
Bedeutung und deshalb einen anderen Inhalt. Bei der Einstellung steht der Bewerber um einen Arbeitsplatz vor den Be-
triebstoren, bei der Kündigung verliert der Arbeitnehmer seinen
Arbeitsplatz, und bei der Versetzung ist der Arbeitnehmer zwar
bereits im Betrieb, soll aber einen anderen Arbeitsplatz erhalten.

Während bei der Einstellung Zweck der Mitbestimmung vor
allem ist, dafür Sorge zu tragen, daß nur die vom Arbeitsplatz
her geforderten fachlichen und persönlichen Voraussetzungen
ausschlaggebend sind und soziale Gesichtspunkte lediglich insoweit von Bedeutung sein können, als für den Arbeitsplatz fach-
lich und persönlich geeignete Bewerber vorhanden sind[71], stehen
bei der Kündigung für die Auswahl die sozialen Gesichtspunkte
gegenüber den fachlichen und persönlichen Voraussetzungen im
Vordergrund[72]. Letztere spielen hier nur insoweit eine Rolle, als

---

[71] Vgl. dazu ausführlich *Dietz-Richardi*, BetrVG (s. Fußn. 9), § 95 Anm.
22 ff.
[72] Vgl. dazu ausführlich *Dietz-Richardi*, BetrVG (s. Fußn. 9), § 95 Anm.
41 ff.

von der fachlichen und persönlichen Eignung abhängt, ob ein
Arbeitnehmer auf einem anderen Arbeitsplatz beschäftigt werden kann und daher eine Kündigung nicht betriebsbedingt und
deshalb nicht sozial gerechtfertigt ist oder ob betriebstechnische,
wirtschaftliche oder sonstige berechtigte betriebliche Bedürfnisse
die Weiterbeschäftigung eines oder mehrerer bestimmter Arbeitnehmer bedingen und damit der Auswahl nach sozialen Gesichtspunkten entgegenstehen, so daß eine Kündigung aus
diesem Grund sozial gerechtfertigt ist. Bei der Versetzung geht
es dagegen wie bei der Einstellung vornehmlich um die fachliche
und persönliche Eignung eines Arbeitnehmers für den in Aussicht genommenen Arbeitsplatz[73]. Doch mehr als dort spielen bei
der Versetzung soziale Gesichtspunkte eine Rolle; denn die Auswahlrichtlinien beziehen sich bei der Versetzung stets auf
Arbeitnehmer, die bereits in einem Arbeitsverhältnis zum
Arbeitgeber stehen. Hinsichtlich der Berücksichtigung sozialer
Gesichtspunkte steht die Versetzung zwischen der Einstellung
und der Kündigung, vor allem dann, wenn mit der Versetzung
eine Verschlechterung der Arbeitsbedingungen verbunden ist.
Aber auch wenn dies nicht der Fall ist, können soziale Gesichtspunkte für die personelle Auswahl bei einer Versetzung von
Bedeutung sein, z. B. wenn festgelegt wird, daß bei Versetzungen auf gleichwertige Arbeitsplätze Lebensalter und Betriebszugehörigkeit zu berücksichtigen sind, weil es für einen jüngeren
Arbeitnehmer, der noch nicht lange im Betrieb beschäftigt ist,
regelmäßig leichter ist, auf einem anderen Arbeitsplatz sich in
einen neuen Aufgabenbereich einzuarbeiten, als für einen älteren
Arbeitnehmer mit langjähriger Betriebszugehörigkeit.
Bereits dieser kursorische Überblick zeigt, daß die Auswahlrichtlinien bei Einstellung, Versetzung und Kündigung unter-
schiedlichen Gesichtspunkten Rechnung tragen müssen. Weiterhin ist zu berücksichtigen, daß die Interessenlage in dem Drei-
ecksverhältnis zwischen Arbeitgeber, Betriebsrat und einzelnem
Arbeitnehmer in diesen Fällen sehr verschieden sein kann. Vor
allem bei der Einstellung kann das kollektive Belegschaftsinter-
esse dem individuellen Interesse des Bewerbers um den Arbeitsplatz entgegenstehen, so daß der Betriebsrat nicht als dessen

---

[73] Vgl. dazu ausführlich *Dietz-Richardi*, BetrVG (s. Fußn. 9), § 95 Anm.
33 ff.

Anwalt auftritt. Da konkrete Angaben über den Inhalt der Auswahlrichtlinien fehlen, ist im Gesetzeswortlaut keine Barriere dagegen errichtet, die Mitbestimmung so zu handhaben, daß gruppenegoistische Gesichtspunkte den Ausschlag geben. Dieser Tendenz steht aber die in der Europäischen Sozialcharta übernommene staatliche Verpflichtung entgegen, das Recht des Arbeitnehmers wirksam zu schützen, seinen Lebensunterhalt durch eine frei übernommene Tätigkeit zu verdienen. Vor allem ist Art. 12 GG tangiert; denn dieses Grundrecht gewährleistet auch die freie Wahl des Arbeitsplatzes für alle Deutschen. Damit wird zwar in erster Linie lediglich der Ausschluß staatlichen Zwanges bei der Besetzung von Arbeitsplätzen garantiert. Aber das Grundgesetz bindet die Ausübung hoheitlicher Gewalt auch in der Gesetzgebung an die Grundrechte, um die in ihnen getroffenen Wertentscheidungen zu verwirklichen (Art. 1 Abs. 3 GG); es bekennt sich zu ihnen als „Grundlage jeder menschlichen Gesellschaft" (Art. 1 Abs. 2 GG), weil sie von der Würde des Menschen gefordert werden, die zu achten und zu schützen, nach Art. 1 Abs. 1 Satz 2 GG Verpflichtung aller staatlichen Gewalt ist. Deshalb enthält Art. 12 GG für das *Recht auf Arbeit* eine, wenn auch verfassungsrechtlich *unfertig verfaßte* Gewährleistung[74]. Gesetzesrecht verfällt aber nur dann dem Verdikt der Verfassungswidrigkeit, wenn alle nach Gesetzeswortlaut und Zweck möglichen Interpretationen mit dem Grundgesetz nicht vereinbar sind. Dabei ist verfassungsrechtlich die Gewichtung so, daß eine bestimmte Unternehmensverfassung nicht vom Grundgesetz gefordert wird, aber in jedem Fall Freiheit und Gleichheit der Einzelpersönlichkeit auch für die Auswahl bei Einstellungen, Versetzungen und Kündigungen die maßgeblichen Grundwerte einer rechtlichen Gestaltung sind.

5. Mitbestimmung und Einstellung des Arbeitnehmers

Die Mitbestimmung ist ein wichtiges Instrumentarium, um die Einstellung unter den Rechtsgedanken zu stellen; sie leistet damit einen Beitrag für das *Recht auf Arbeit* unter den Funktionsvoraussetzungen einer freiheitlichen Gesellschafts- und Wirtschaftsordnung. Doch dafür ist wesentlich, *wie* sie *gestaltet* ist.

---

[74] Vgl. auch *E. Migsch*, Die absolut geschützte Rechtsstellung des Arbeitnehmers, 1972, S. 122 ff.

Der Betriebsrat hat nach dem neuen Betriebsverfassungsgesetz nicht wie bisher lediglich ein Einspruchsrecht, sondern er hat ein Mitbestimmungsrecht, das in der Form des positiven Konsensprinzips besteht: Die Mitbestimmung ist als *Zustimmungserfordernis* gestaltet. Der Betriebsrat kann aber seine Zustimmung nur verweigern, wenn einer der Gründe vorliegt, die im Katalog des § 99 Abs. 2 BetrVG aufgeführt sind. Der Katalog ist andererseits so umfangreich, und die in ihm enthaltenen Widerspruchsgründe sind so generalklauselartig weit gefaßt, daß der Betriebsrat einen breiten Ermessensspielraum erhält, einer Einstellung zu widersprechen oder zuzustimmen. Dabei zeigt die Abgrenzung der Widerspruchsgründe, daß dem Interesse der im Betrieb beschäftigten Arbeitnehmer der Vorrang gegeben wird. Für den, der draußen steht, können beispielsweise allein deshalb die Betriebstore verschlossen bleiben, weil die durch Tatsachen begründete Besorgnis besteht, daß infolge seiner Einstellung im Betrieb beschäftigte Arbeitnehmer gekündigt werden oder sonstige Nachteile erleiden, ohne daß dies aus betrieblichen oder persönlichen Gründen gerechtfertigt ist (§ 99 Abs. 2 Nr. 3 BetrVG). Hier wird nicht nur der unternehmerische Entscheidungsspielraum bei der Personalplanung erheblich eingeschränkt, wenn bereits genügen soll, daß durch die Einstellung einem im Betrieb beschäftigten Arbeitnehmer ein Vorteil entgeht, auf den dieser keinen Rechtsanspruch hat, sondern vor allem ist auch an den Bewerber zu denken, dessen Recht auf Arbeit entwertet ist, wenn gruppenegoistische Gesichtspunkte Mauern der Abschließung um die im Betrieb vorhandenen Arbeitsplätze bauen. Deshalb kann Schutzzweck für den in § 99 Abs. 2 Nr. 3 BetrVG genannten Widerspruchsgrund nur die Erhaltung des *status quo* der im Betrieb beschäftigten Arbeitnehmer sein[75]. Diesem Interesse gebührt der Vorrang vor dem

---

[75] Vgl. *Dietz-Richardi*, BetrVG (s. Fußn. 9), § 99 Anm. 102; *R. Richardi*, Das Widerspruchsrecht des Betriebsrats bei personellen Maßnahmen nach §§ 99, 100 BetrVG, DB 1973, S. 378, 428 (381). Der Betriebsrat kann deshalb nicht nach dieser Bestimmung einer Einstellung widersprechen, weil er einen anderen, bereits im Betrieb beschäftigten Arbeitnehmer für geeigneter hält; a. A. aber ArbG Karlsruhe, BB 1972, S. 537; *P. Hanau*, Praktische Fragen zur Neuregelung der Mitbestimmung in personellen Angelegenheiten, BB 1972, S. 451 (453); offengelassen von ArbG Berlin, BB 1972, S. 964, wo im entschiedenen Fall darauf zurückgegriffen wurde, daß die Einstellung aus betrieblichen Gründen gerechtfertigt war; doch darf nicht bei der Schranke des Widerspruchsgrundes angesetzt werden, sondern es ist vielmehr der

Interesse des außenstehenden Bewerbers um den Arbeitsplatz, weil ein Recht auf Arbeit, das nicht durch ein *Recht am Arbeitsplatz* ergänzt wird, wertlos bleibt, um eine sozial gerechte Gestaltung der Arbeitsverfassung nach dem Grundsatz der Selbstbestimmung zu schaffen.

VI. Das Recht am Arbeitsplatz

Mit dem Recht am Arbeitsplatz verbindet sich im allgemeinen die Erinnerung an die rechtsdogmatische Auseinandersetzung, ob es sich bei ihm um ein absolutes oder lediglich um ein relatives Recht handelt[76]. Der Versuch, es als ein absolutes Recht in das Prokrustesbett des § 823 Abs. 1 BGB zu spannen, wird nicht der Besonderheit des Arbeitsverhältnisses gerecht; denn die Rechtsstellung des Arbeitnehmers ist wesentlich anders als die Eigentümerstellung, und am Modell des Eigentums ist die Rechtsfigur des absoluten Rechts entwickelt. Andererseits ist es rechtsdogmatisch nicht angemessen, die Rechtsstellung eines Arbeitnehmers im Arbeitsverhältnis lediglich mit der Gläubiger-Schuldner-Beziehung zu erklären, wie sie bei jedem Schuldverhältnis vorhanden ist [77]. Durch das Arbeitsverhältnis entstehen Rechtsbeziehungen zum Arbeitgeber, die wesentlich anders strukturiert sind als sonst die Rechtsbeziehungen im Rahmen eines Schuldverhältnisses; denn es ist der in der Zeit lebende Mensch, der die Arbeit leistet. Die Rechtsstellung des Arbeitnehmers wird deshalb vor sozial nicht gerechtfertiger Kün-

Gesetzeszweck zutreffend zu bestimmen. Der Betriebsrat kann nicht über sein Widerspruchsrecht nach § 99 Abs. 2 Nr. 3 BetrVG eine Beteiligung an der Entscheidung verlangen, wer von den Arbeitnehmern befördert wird. Hier kommt vielmehr nur ein Widerspruchsrecht nach § 99 Abs. 2 Nr. 2 BetrVG in Betracht, wenn für die personelle Maßnahme Auswahlrichtlinien nach § 95 BetrVG bestehen und der Arbeitgeber sie verletzt, weil ein anderer Arbeitnehmer deren Voraussetzungen mehr entspricht als die vom Arbeitgeber gewählte Person.

[76] Grundlegend für das Verständnis des Rechts am Arbeitsplatz *H. C. Nipperdey*, Der Arbeitskampf als unerlaubte Handlung, in: Festschrift für Sitzler, 1956, S. 79 (92 f.); *Nipperdey-Säcker* bei Hueck-Nipperdey (s. Fußn. 26), Bd. II/2, S. 995 f. und dort Fußn. 26; vgl. auch *J. W. Hedemann*, Der Arbeitsplatz als Rechtsgut, RdA 1953, S. 121 (124 f.); zustimmend *Brox-Rüthers*, Arbeitskampfrecht, 1965, S. 119 f.; *W. Herschel*, Die Betriebszugehörigkeit als geschütztes Rechtsgut, RdA 1960, S. 121 ff.; vgl. dagegen aber *A. Hueck*, Die Pflicht des Arbeitgebers zur Wiedereinstellung, in: Festschrift für Hedemann, 1958, S. 131 (137 f.); *Wiedemann*, Subjektives Recht und sozialer Bestandsschutz nach dem KSchG, RdA 1961, S. 1 (5 f.).

[77] Vgl. *E. Migsch*, Die absolut geschützte Rechtsstellung des Arbeitnehmers, 1972.

digung des Arbeitsverhältnisses und sozial nicht gerechtfertigter Änderung der Arbeitsbedingungen geschützt[78]; im Arbeitskampfrecht hat der Große Senat des Bundesarbeitsgerichts in seiner grundlegenden Entscheidung vom 21. April 1971 ein System abgestufter Kampfmaßnahmen entwickelt, um den Arbeitsplatz des Arbeitnehmers vor Risiken zu schützen, die nicht kampfbedingt sind[79].

Der Arbeitnehmer erhält also eine Rechtsstellung, die zwar nicht mit der Eigentümerstellung *vergleichbar* ist, aber ihr *gleichwertig* sein soll; denn was der einzelne in seinem Arbeitsleben an Rechten und Anwartschaften erwirbt, ist für ihn nicht wiederholbar, wenn sie verlorengehen. Arbeit hat nach der treffenden Formulierung von *Karl Marx* keinen anderen Behälter als menschliches Fleisch und Blut[80]. Neben dem gesetzlichen Schutz vor sozial nicht gerechtfertigter Kündigung oder Änderung der Arbeitsbedingungen entfaltet deshalb auch das Mitbestimmungsrecht des Betriebsrats bei Versetzungen und seine Mitwirkung im Rahmen der Kündigung eine wichtige Hilfsfunktion.

Der Schutz des Arbeitsplatzes endet aber nicht nur dort, wo Gründe in der Person oder im Verhalten des Arbeitnehmers eine Kündigung des Arbeitsverhältnisses oder eine Änderung seines Vertragsinhalts rechtfertigen, sondern auch dann, wenn die Maßnahme *betriebsbedingt* ist[81]. Doch ist hier zu berücksich-

[78] Kündigungsschutzgesetz (KSchG) in der Fassung der Bekanntmachung vom 25. August 1969 (BGBl. I, S. 1317).
[79] BAG, AP Nr. 43 zu Art. 9 GG Arbeitskampf = SAE 1972, S. 1 mit zust. Anm. von *Richardi*; vgl. auch *M. Löwisch*, Das Übermaßverbot im Arbeitskampfrecht, ZfA 1971, S. 319 ff.; *G. Müller*, Das Arbeitskampfrecht im Beschluß des Großen Senats des Bundesarbeitsgerichts vom 21. April 1971, RdA 1971, S. 321 ff.; *ders.*, Der Arbeitskampf als Rechtsinstitution — Gedanken zum Arbeitskampfrecht in der Bundesrepublik Deutschland, AuR 1972, S. 1 ff.; *W. Musa*, Zur Rechtfertigung der Aussperrung, RdA 1971, S. 346 ff.; *W. Reuß*, Das neue Arbeitskampfrecht, AuR 1971, S. 353 ff.; *R. Richardi*, Der Beschluß des Großen Senats des Bundesarbeitsgerichts vom 21. April 1971, RdA 1971, S. 334 ff.; *U. Scheuner*, Verfassungsrechtliche Gesichtspunkte zu der Fortbildung des Arbeitskampfrechts im Beschluß des Großen Senats vom 21. April 1971, RdA 1971, S. 327 ff.; *A. van Gelder*, Ein neues Arbeitskampfrecht?, AuR 1972, S. 97 ff.; *W. Däubler*, Die unverhältnismäßige Aussperrung, JuS 1972 S. 642 ff.; *D. Reuter*, Nochmals: Die unverhältnismäßige Aussperrung, JuS 1973 S. 284 ff.
[80] *K. Marx*, Lohnarbeit und Kapital, in: Marx-Engels-Werke, herausgegeben vom Institut für Marxismus-Leninismus beim ZK der SED, Bd. 6, Berlin (Ost), 1959, S. 397 (399).
[81] § 1 Abs. 2 Satz 1 KSchG.

tigen, daß die Herbeiführung der Betriebsbedingtheit nicht
allein in der Willkür des Unternehmers liegt, sondern auch insoweit eine *rechtliche Bindung* besteht. Bei geplanten Betriebsänderungen, die wesentliche Nachteile für die Belegschaft oder
erhebliche Teile der Belegschaft zur Folge haben können, ist der
Betriebsrat zu beteiligen (§§ 111—113 BetrVG). Zwar wird
durch die Mitwirkung des Betriebsrats nicht die unternehmerische Handlungsfreiheit eingeschränkt; der Arbeitgeber ist hinsichtlich der wirtschaftlich-unternehmerischen Entscheidung lediglich verpflichtet, einen *Interessenausgleich* mit dem Betriebsrat zu *versuchen;* aber zum Ausgleich und zur Milderung der
wirtschaftlichen Nachteile, die den Arbeitnehmern infolge der
geplanten Betriebsänderung entstehen, hat der Betriebsrat ein
Mitbestimmungsrecht: Er kann nach § 112 BetrVG die Aufstellung eines *Sozialplans* erzwingen[82].

Dieses Mitbestimmungsrecht lediglich als Instrument im Rahmen eines Interessenausgleichs zu deuten, verhüllt den zugrunde
liegenden Rechtsgedanken. Auf ihn kommt es aber wesentlich
an, um den Stellenwert des Sozialplans innerhalb der Arbeitsverfassung rechtsdogmatisch zu erfassen. Die Dimension dieser
Fragestellung ist nicht nur auf das Arbeitsrecht beschränkt, sondern reicht darüber hinaus, ist beispielsweise für das Steuerrecht
von Bedeutung. Nach § 3 Nr. 9 EStG sind Entlassungsentschädigungen, die für eine sozial nicht gerechtfertigte Kündigung oder als Nachteilsausgleich auf Grund eines Sozialplans
oder gemäß § 113 BetrVG gewährt werden, steuerfrei, wenn,
wie das Gesetz sagt, die Abfindung dem Grunde nach berechtigt
ist und zwölf Monatsverdienste, unter den in § 10 Abs. 2 KSchG
bezeichneten Voraussetzungen fünfzehn oder achtzehn Monatsverdienste, nicht übersteigt[83]. Damit ist nur eine *Steuerfrei-
grenze* geschaffen, wodurch besonders klar zum Ausdruck
kommt, daß der Staat diese Entlassungsentschädigungen als
Einkünfte aus nichtselbständiger Arbeit ansieht, für die grundsätzlich die Steuerpflicht besteht. Die Statuierung der Steuerfrei-
grenze hat *historische* Gründe; sie läßt sich aber nicht *teleo-
logisch* rechtfertigen. Nur vom Arbeitsrecht her kann die auch

---

[82] Vgl. zum Interessenausgleich über die Betriebsänderung *Dietz-Richardi,*
BetrVG (s. Fußn. 9), § 112 Anm. 4 ff.; zum Sozialplan dort Anm. 14 ff.; zum
Verfahren für den Interessenausgleich und den Sozialplan dort Anm. 47 ff.
[83] Vgl. *Dietz-Richardi,* BetrVG (s. Fußn. 9), § 112 Anm. 42.

für das Steuerrecht verbindliche Teleologie einer auf Grund
eines Sozialplans gezahlten Entlassungsentschädigung begründet
werden: Durch die Verleihung eines Mitbestimmungsrechts bei
der Aufstellung eines Sozialplans berücksichtigt der Gesetzgeber,
daß der Arbeitnehmer in seinem Arbeitsleben eine Rechtsstellung erwirbt, deren Verlust entschädigt werden soll. Wegen der
Funktionsvoraussetzungen einer freiheitlichen Marktwirtschaft
ist es zwar notwendig, daß ihm aus betriebsbedingten Gründen
gekündigt werden kann. Aber ähnlich wie bei der Gewährleistung des Eigentums sich der Grundsatz durchgesetzt hat, daß
auch eine zulässige Enteignung nicht ohne Entschädigung erfolgen kann, soll hier durch die Einschaltung einer Mitbestimmung des Betriebsrats gewährleistet werden, daß der Verlust
der Arbeitnehmerstellung entschädigt wird; denn für den betroffenen Arbeitnehmer ist, je länger er in einem Arbeitsverhältnis zum Arbeitgeber stand, nicht wiederholbar, was er dort
erlangt hat. Deshalb sollte im Steuerrecht die Entschädigung für
den Verlust des Arbeitsplatzes nicht anders gewertet werden
als die Entschädigung für die Enteignung.

Die Mitbestimmung ist also auch hier ein wichtiges Instrumentarium, um Rechtspositionen zu schaffen, die die Arbeitnehmerstellung in eine vom Gedanken der Privatautonomie beherrschte
Ordnung integrieren. Im Sozialplan kommt der Rechtsgedanke
zum Ausdruck, daß der Arbeitnehmer durch seine Arbeitsleistung einen Beitrag für den Erfolg des Unternehmens ge-
leistet hat, der mit dem Arbeitsentgelt nicht abgegolten ist. Je
länger er bei einem Arbeitgeber tätig ist, desto befestigter wird
sein Interesse, dort seinen Lebensunterhalt zu verdienen und die
Sicherung seiner Existenz zu erhalten. Dieses Interesse wird
durch das Kündigungsschutzgesetz und die Beschränkung der
lösenden Aussperrung im Arbeitskampfrecht als *Rechtsgut* anerkannt und geschützt, und daher soll auch dort, wo die Funktionsvoraussetzungen unserer freiheitlichen Wirtschaftsordnung
es verlangen, daß das Interesse der Arbeitnehmer an der Erhaltung ihrer Arbeitsplätze nicht einer Betriebsänderung entgegen-
steht, die Depossedierung nicht ohne Entschädigung erfolgen[84].

---

[84] Der Gedanke, für den Verlust oder Verschlechterung eines Arbeits-
paltzes entschädigt zu werden, ist in den §§ 112, 113 BetrVG durch eine
betriebsverfassungsrechtliche Lösung verwirklicht worden. Die Konzeption
weist Parallelen zum Kündigungsschutz auf, der zunächst ebenfalls *kollektiv-*

46

VII. Schlußbemerkung

Damit komme ich zum Schluß meiner Ausführungen. Die Vertragsfreiheit hat ihre königliche Rolle für die Privatautonomie nur unter bestimmten sozialen Voraussetzungen. Soll der Rechtsgedanke der Privatautonomie auch die moderne Industriegesellschaft beherrschen, die von hochgradiger Arbeitsteilung geprägt ist, so ist es die Aufgabe des Rechts, Ordnungsformen zu schaffen, die ihn zur Geltung bringen. Damit kommt der Betriebsverfassung eine zentrale Bedeutung zu, weil der Betrieb der Ort ist, wo die weit überwiegende Mehrzahl der Erwerbstätigen ihren Lebensunterhalt verdienen und ihre schöpferische Kraft entfalten. Die Mitwirkung und Mitbestimmung der Arbeitnehmer ist deshalb hier eine Voraussetzung für privatautonome Gestaltung. Da sie in ihrer Gestaltung diesen Zweck verfehlen kann, gehört es zu den wichtigen Aufgaben der Arbeitsrechtswissenschaft, die freiheitlich rechtsstaatliche Grundlage der Betriebsverfassung aufzudecken, auszubauen und zu sichern.

---

rechtlich gewährleistet wurde (§§ 84 ff. BRG 1920) und jetzt *individualrechtlich* verankert ist (§§ 1, 4 KSchG). Der Anspruch auf Leistung aus einem Sozialplan hängt davon ab, daß ein Betriebsrat besteht, der seine Aufstellung mit dem Unternehmer vereinbart, und der Anspruch auf Nachteilausgleich nach § 113 BetrVG ist als Sanktion für eine Verletzung der Mitbestimmung bei Betriebsänderungen gestaltet, so daß er ebenfalls nicht gegeben ist, wenn ein Betriebsrat nicht besteht. Das Recht auf Nachteilsausgleich für den Verlust oder die Verschlechterung eines Arbeitsplatzes weist daher die gleichen Schwächen auf wie die kollektivrechtliche Konstruktion des Kündigungsschutzes nach §§ 84 ff. BRG 1920; vgl. zu dem Problem auch *H. Floretta*, Rechtsdogmatisches und Rechtspolitisches zur Konstruktion und zum Inhalt des allgemeinen Kündigungs- und Entlassungsschutzes im Arbeitsrecht, Wien 1971. Daher wäre de lege ferenda einer Lösung der Vorzug zu geben, die den Gedanken, für den Verlust oder die Verschlechterung eines Arbeitsplatzes entschädigt zu werden, durch die *individualrechtliche* Verankerung eines Anspruchs auf Nachteilsausgleich verwirklicht.

Schriftenreihe der Juristischen Gesellschaft e. V. Berlin

Mitglieder der Gesellschaft erhalten eine Ermäßigung von 30 %

Heft 1: **Montesquieu und die Lehre der Gewaltentrennung.** Von Prof. Dr. MAX IMBODEN. IV, 25 Seiten. 1959. DM 4,—

Heft 2: **Das Problem des Richterstaates.** Von Prof. Dr. FRITZ WERNER. IV, 26 Seiten. 1960. Neuauflage geplant.

Heft 3: **Der deutsche Staat als Rechtsproblem.** Von Dr. ADOLF ARNDT. IV, 46 Seiten. 1960. DM 6,80

Heft 4: **Die Individualisierung der Strafen und Maßnahmen in der Reform des Strafrechts und des Strafprozesses.** Von Prof. Dr. ERNST HEINITZ. IV, 28 Seiten. 1960. DM 4,—

Heft 5: **Parkinsons Gesetz und die deutsche Verwaltung.** Von Prof. Dr. CARL HERMANN ULE. IV, 37 Seiten. 1960. Neuauflage geplant.

Heft 6: **Über Wesen, Technik und Grenzen der Verfassungsänderung.** Von Prof. Dr. KARL LOEWENSTEIN. 64 Seiten. 1961. DM 8,—

Heft 7: **Grundgesetz und Internationalprivatrecht.** Von Prof. Dr. GÜNTHER BEITZKE. 37 Seiten. 1961. DM 5,—

Heft 8: **Mißverständnisse um den Föderalismus.** Von Prof. Dr. WILLI GEIGER. IV, 32 Seiten. 1962. DM 5,—

Heft 9: **Staatsangehörigkeit und Staatenlosigkeit im gegenwärtigen Völkerrecht.** Von Dr. Dr. PAUL WEIS. IV, 28 Seiten. 1962. DM 5,—

Heft 10: **Die Lehre von der Willensfreiheit in der strafrechtsphilosophischen Doktrin der Gegenwart.** Von Prof. Dr. Dr. h. c. KARL ENGISCH. 2., unveränderte Auflage. IV, 66 Seiten. 1965. DM 10,—

Heft 11: **Gedanken zur Reform des Aktienrechts und des GmbH-Rechts.** Von Prof. Dr. Dr. h. c. ALFRED HUECK. IV, 24 Seiten. 1963. DM 5,—

Heft 12: **Probleme einer Neugliederung des Bundesgebietes.** Von Dr. HANS SCHÄFER. IV, 31 Seiten. 1963. DM 6,—

Heft 13: **Staatsbild und Verwaltungsrechtsprechung.** Von Prof. MAX IMBODEN. IV, 17 Seiten. 1963. DM 4,—

Heft 14: **Das Verhältnis von Kirche und Staat in der Bundesrepublik.** Von Prof. Dr. PAUL MIKAT. IV, 24 Seiten. 1964. DM 5,—

Heft 15: **Strukturwandlungen der modernen Demokratie.** Von Prof. Dr. jur. ERNST FORSTHOFF. 25 Seiten. 1964. DM 5,—

Fortsetzung 3. Umschlagseite

Fortsetzung der 2. Umschlagseite

Heft 16: **Pressefreiheit und militärisches Staatsgeheimnis.** Von Prof. Dr. HANS-HEINRICH JESCHECK. IV, 39 Seiten. 1964. DM 7,80

Heft 17: **Gestaltungsrecht und Unterwerfung im Privatrecht.** Von Prof. Dr. EDUARD BÖTTICHER. IV, 33 Seiten. 1964. DM 7,—

Heft 18: **Von den zwei Rechtsordnungen im staatlichen Gemeinwesen.** Ein Beitrag zur allgemeinen Rechtstheorie. Von Prof. Dr. EBERHARD SCHMIDHÄUSER. IV, 31 Seiten. 1964. DM 6,80

Heft 19: **Der Gleichheitssatz im Wirtschaftsrecht des Gemeinsamen Marktes.** Von Prof. Dr. ERNST STEINDORFF. IV, 61 Seiten. 1965. DM 12,80

Heft 20: **Cicero als Advokat.** Von Prof. Dr. FRANZ WIEACKER. IV, 27 Seiten. 1965. DM 7,50

Heft 21: **Probleme der Leistungsverwaltung.** Von OTTO KÜSTER. IV, 36 Seiten. 1965. DM 7,50

Heft 22: **Das allgemeine Landrecht von 1794 als Grundgesetz des friderizianischen Staates.** Von Prof. Dr. Dr. h. c. HERMANN CONRAD IV, 28 Seiten. 1965. DM 7,20

Heft 23: **Wege zu einer Konzentration der mündlichen Verhandlung im Prozeß.** Von Prof. Dr. FRITZ BAUR. IV, 26 Seiten. 1966. DM 6,50

Heft 24: **Die verfassungsrechtliche Bedeutung der Vertragsfreiheit.** Von Prof. Dr. HANS HUBER. IV, 31 Seiten. 1966. DM 7,50

Heft 25: **Probleme des Mitbestimmungsrechts.** Von Prof. Dr. Dr. h. c. ROLF DIETZ. IV, 24 Seiten. 1966. DM 7,—

Heft 26: **Über die Unentbehrlichkeit der Jurisprudenz als Wissenschaft.** Von Prof. Dr. KARL LARENZ. IV, 27 Seiten. 1966. DM 6,50

Heft 27: **Das konkrete Gefährdungsdelikt im Verkehrsstrafrecht.** Von Prof. Dr. KARL LACKNER. IV, 23 Seiten. 1967. DM 5,—

Heft 28: **Das völkerrechtliche Gewaltverbot.** Probleme und Tendenzen. Von Prof. Dr. Dr. WILHELM WENGLER. IV, 61 Seiten. 1967. DM 14,—

Heft 29: **Untersuchungen zum Fehlurteil im Strafprozeß.** Von Prof. Dr. KARL PETERS. IV, 29 Seiten. 1967. DM 6,—

Heft 30: **Demosthenes als Advokat.** Funktionen und Methoden des Prozeßpraktikers im klassischen Athen. Von Prof. Dr. HANS JULIUS WOLFF. IV, 26 Seiten. 1968. DM 6,—

Heft 31: **Kammergericht und Rechtsstaat.** Von Prof. Dr. EBERHARD SCHMIDT. VIII, 45 Seiten. 1968. DM 6,—

Fortsetzung 4. Umschlagseite

Fortsetzung der 3. Umschlagseite

Heft 32: **Der Entwicklungsgang der österreichischen Privatrechtswissenschaft im 19. Jahrhundert.** Von Prof. Dr. WERNER OGRIS. IV, 26 Seiten, 1968. DM 6,—

Heft 33: **Grenzen der Grundrechte.** Von Prof. Dr. KARL AUGUST BETTERMANN. VI, 29 Seiten. 1968. DM 6,—

Heft 34: **Grundfragen der globalen Wirtschaftssteuerung.** Von Prof. Dr. KLAUS STERN. IV, 28 Seiten. 1969. DM 6,—

Heft 35: **Ärztliche Fragen bei der Organtransplantation — Rechtliche** Fragen bei der Organtransplantation. Von Prof. Dr. Dr. HANS Frhr. v. KRESS und Prof. Dr. Dr. ERNST HEINITZ. IV, 31 Seiten. 1970. DM 6,—

Heft 36: **Bild und Selbstverständnis des Juristen heute.** Von Rechtsanwalt Dr. KONRAD REDEKER. IV, 26 Seiten. 1970. DM 6,—

Heft 37: **Verfassungsperspektiven der Europäischen Gemeinschaften.** Von Prof. Dr. HANS PETER IPSEN. VI, 25 Seiten. 1970. DM 6,—

Heft 38: **Vom Sinnwandel des Rechtsstaates.** Von Prof. Dr. HERBERT SCHAMBECK. 38 Seiten. 1970. DM 6,—

Heft 39: **Kriminalpolitik und Strafrechtssystem.** Von Prof. Dr. CLAUS ROXIN. 43 Seiten. 1970. DM 6,—

Heft 40: **Probleme des Revisionsverfahrens.** Skizze einer rechtsvergleichenden Betrachtung der Revision im deutschen und im österreichischen Zivilprozeß. Von Prof. D. Dr. HANS W. FASCHING. 27 Seiten. 1971. DM 6,—

Heft 41: **Rechtsfähigkeit und Verbandsverfassung.** Überlegungen zur Problematik der als nichtrechtsfähige Vereine organisierten Gewerkschaften. Von Prof. Dr. FRIEDRICH KÜBLER. 23 Seiten. 1971. DM 6,—

Heft 42: **Reform der Gefährdungshaftung.** Von Prof. Dr. Dr. h. c. ERNST VON CAEMMERER. 26 Seiten. 1971. DM 6,—

Heft 43: **Die Zukunft des Privatrechts.** Von Prof. D. Dr. Dr. h. c. LUDWIG RAISER. 37 Seiten. 1971. DM 8,—

Heft 44: **Raumordnung und Privatrechtsgesellschaft.** Von Prof. Dr. THEO MAYER-MALY. 28 Seiten. 1973. DM 8,—

ISBN 3 11 0042762